www.ingramcontent.com/pod-product-compliance
Lightning Source LLC
LaVergne TN
LVHW010607070526
838199LV00063BA/5104
9789358724301

تعلیماتِ اسلام کا عملی پہلو

(مجلہ 'الفرقان' [لکھنؤ] کے شماروں سے منتخب شدہ مضامین)

مرتب:

ادارہ الفرقان

© Taemeer Publications LLC
Taalimaat-e-Islam ka amli pahlu
Edited by: Idara AlFurqan
Edition: December '2023
Publisher :
Taemeer Publications LLC (Michigan, USA / Hyderabad, India)

ISBN 978-93-5872-430-1

مصنف یا ناشر کی پیشگی اجازت کے بغیر اس کتاب کا کوئی بھی حصہ کسی بھی شکل میں بشمول ویب سائٹ پر اپ لوڈنگ کے لیے استعمال نہ کیا جائے۔ نیز اس کتاب پر کسی بھی قسم کے تنازع کو نمٹانے کا اختیار صرف حیدرآباد (تلنگانہ) کی عدلیہ کو ہو گا۔

© تعمیر پبلی کیشنز

کتاب	:	تعلیماتِ اسلام کا عملی پہلو (مضامین)
مصنف	:	ادارہ الفرقان
صنف	:	مذہب
ناشر	:	تعمیر پبلی کیشنز (حیدرآباد، انڈیا)
سالِ اشاعت	:	۲۰۲۳ء
صفحات	:	۷۶
سرورق ڈیزائن	:	تعمیر ویب ڈیزائن

فہرست

(۱)	پیغمبر اسلام کا پیغام	سید سلیمان ندوی	6
(۲)	امام الہند مولانا ابوالکلام آزاد: کئی دماغوں کا ایک انسان	سید محمد ولی رحمانی	22
(۳)	مساجد کے طہارت خانے اور ہماری ذمہ داریاں	محمد زین العابدین قاسمی	29
(۴)	حضرت نانوتوی کی دینی حمیت اور ضرورت واہمیت	محمد ابوبکر قاسمی	41
(۵)	نیک بختی کے تین گر	ذوالفقار احمد نقشبندی	56
(٦)	اسوۂ نبوی کا ایک اہم پہلو	خلیل الرحمن سجاد نعمانی	60
(۷)	مولانا محمد منظور نعمانی کا اسلوب بیان	نظیف الرحمن سنبھلی	66

علامہ سید سلیمان ندوی رحمۃ اللہ علیہ

بسم اللہ الرحمٰن الرحیم

پیغمبرِ اسلام علیہ السلام کا پیغام

حضرات! میں نے پچھلے چھ لکچروں میں دلائل اور تاریخ کی روشنی میں یہ ثابت کر دیا کہ انسانوں کے تمام بلند طبقوں میں سے صرف انبیائے کرام علیہم السلام کی سیرتیں تقلید اور پیروی کے لائق ہیں اور ان میں سے عالمگیر اور دائمی نمونہ صرف محمد رسول اللہ صلی اللہ علیہ وآلہ وسلم کی سیرت ہے۔ اس مقام پر جب یہ بات ثابت ہو جاتی ہے کہ محمد صلی اللہ علیہ وآلہ وسلم ہی عالمگیر اور دائمی نمونہ ہیں تو سوال پیدا ہوتا ہے کہ ان کی عالمگیر اور دائمی تعلیم کیا ہے؟ وہ دنیا کو کیا پیغام دینے آئے؟ اور کیا پیغام دے کر دنیا سے تشریف لے گئے؟ ان کے پیغام کے وہ کون سے ضروری اجزاء ہیں جن کے ادا کرنے کے لئے اس پیغمبر آخر الزماں کی ضرورت پیش آئی؟ دنیا میں دوسرے پیغمبروں کے ذریعہ سے جو پیغام آئے ان کی کس طرح اس آخری پیغمبر نے تصحیح اور تکمیل کی؟

ہم کو تسلیم ہے کہ دنیا میں وقتاً فوقتاً انبیاء کے ذریعہ سے پیغام آتے رہے مگر جیسا کہ بار بار کہا جا چکا ہے اور واقعات کی روشنی میں دکھایا جا چکا ہے، وہ تمام پیغام کسی خاص زمانہ اور قوم کے لئے آیا کئے اور وقتی تھے اور اس لئے ان کی دائمی حفاظت کا سامان نہ ہوا، ان کی اصل برباد ہو گئی، مدتوں کے بعد مرتب کئے گئے اور ان میں تحریفیں کی گئیں، ان کے ترجموں نے ان کو کچھ سے کچھ بنا دیا۔ ان کی تاریخی سند کا ثبوت نہیں باقی رہا۔ بہت سے جعلی پیغام ان میں شریک کئے گئے اور یہ سب چند سو برس کے اندر ہو گیا۔ اگر خدا تعالیٰ کا کام مصلحت اور حکمت سے خالی نہیں ہوتا ہے تو انکا مٹنا اور برباد ہو جانا ہی ان کے وقتی فرمان اور عارضی تعلیم ہونے کا ثبوت ہے۔ مگر جو پیغام محمد رسول اللہ صلی اللہ علیہ وآلہ وسلم کے ذریعے آیا وہ عالمگیر اور دائمی ہو کر آیا۔ اور اسی لئے وہ

جب سے آیا اب تک پوری طرح محفوظ ہے اور رہے گا۔ کیونکہ اس کے بعد کوئی نیا پیغام آنے والا نہیں ہے۔ اللہ تعالیٰ نے کسی گزشتہ پیغام کے متعلق یہ نہیں فرمایا کہ اس کی تکمیل ہو چکی اور اس کی حفاظت کا ذمہ دار میں ہوں۔ دنیا کے تمام وہ صحیفے جو گم ہو چکے ان کا گم ہو جانا ہی ان کے وقتی اور عارضی ہونے کی دلیل ہے۔ اور جو موجود ہیں ان کی ایک ایک آیت تلاش کرلو، ان کی تکمیل اور ان کی حفاظت کے وعدے کے متعلق ایک حرف نہ پاؤ گے، بلکہ ان کے خلاف ان کے نقص کے اشارے اور تصریحیں ملیں گی۔

حضرت موسیٰ علیہ السلام کہتے ہیں کہ ''خداوند تیرے درمیان تیرے ہی بھائیوں میں سے میرے مانند ایک نبی برپا کرے گا، تم اس کی طرف کان دھرو'' (استثناء ۱۸، ۱۵) ''میں ان کے لئے ان کے بھائیوں میں سے تجھ سا ایک نبی برپا کروں گا اور اپنا کلام اس کے منہ میں ڈالوں گا اور جو کچھ میں اس سے کہوں گا وہ سب ان سے کہے گا'' (استثناء ۱۸، ۱۹) ''یہ وہ برکت ہے جو موسیٰ مردِ خدا نے اپنے مرنے سے پہلے بنی اسرائیل کو بخشی اور اس نے کہا کہ خداوند سینا سے آیا اور سعیر سے ان پر طلوع ہوا، اور فاران کے پہاڑ سے وہ جلوہ گر ہوا اور اس کے داہنے ہاتھ میں ایک آتشیں شریعت ہوگی''۔ (استثناء ۳۳، ۲)۔

ان اوپر کی آیتوں میں تورات یہ صاف بتا رہی ہے کہ ایک اور نبی موسیٰ علیہ السلام کے مثل آنے والا ہے جو اپنے ساتھ آتشیں شریعت بھی لائے گا اور اس کے منہ میں خدا اپنا کلام بھی ڈالے گا۔ اس سے بالکل واضح ہے کہ موسیٰ علیہ السلام کا پیغام آخری اور دائمی نہ تھا۔

اس کے بعد اشعیاؔ نبی ایک اور ''رسول'' کی خوشخبری سناتے ہیں، ''جس کی شریعت کی راہ دریائی ممالک اور جزیرے تک رہے ہیں''۔ (باب ۴۰) ملاخیہ میں ہے ''دیکھو میں اپنے رسول کو بھیجوں گا''۔ بنی اسرائیل کے دیگر صحیفوں اور زبور میں آئندہ آنے والوں کی بشارتیں ہیں، ان سے ثابت ہوتا ہے کہ کوئی بھی اسرائیلی صحیفہ دائمی اور آخری اور مکمل نہیں تھا۔

انجیل کو دیکھو وہ اعلان کرتی ہے:

''اور میں اپنے باپ سے درخواست کروں گا کہ وہ تمہیں دوسرا فارقلیط بخشے گا کہ ہمیشہ تمہارے ساتھ رہے گا'' (یوحنا ۱۴، ۱۶)

''لیکن وہ فارقلیط روح القدس ہے، جسے باپ میرے نام سے بھیجے گا وہی تمہیں سب چیزیں سکھا

ئے گا اور سب باتیں جو کچھ میں نے تمہیں کہی ہیں، تمہیں یاد دلائے گا"۔ (یوحنا ۱۴، ۲۶)

"میری اور بہت سی باتیں ہیں کہ میں تم سے کہوں پر اب تم ان کی برداشت نہیں کر سکتے لیکن جب وہ یعنی سچائی کی روح آئے گی تو وہ تمہیں ساری سچائی کی راہ بتائے گی، کیونکہ وہ اپنی نہ کہے گی بلکہ جو کچھ سنے گی وہ کہے گی"۔ (یوحنا ۶، ۸)

ان آیتوں میں انجیل نے صاف اعلان کیا ہے کہ وہ خدا کا آخری کلام نہیں اور نیز یہ کہ وہ کامل بھی نہیں۔ ایک اور آئے گا جو مسیح علیہ السلام کے پیغام کی تکمیل کرے گا۔ مگر محمد ﷺ کا پیغام اپنے بعد کسی اور آنے والے کا پیغام نہیں دیتا جو نیا پیغام سنائے گا۔ یا محمد ﷺ کے پیغام میں کوئی نقص ہے جس کو دور کر کے وہ اس کو کامل کرے گا، بلکہ وہ اپنی تکمیل کا آپ دعویٰ کرتا ہے:

اَلْيَوْمَ اَكْمَلْتُ لَكُمْ دِيْنَكُمْ وَاَتْمَمْتُ عَلَيْكُمْ نِعْمَتِيْ (مائدہ۔ ۱) "آج میں نے تمہارے لئے تمہارا دین کامل کر دیا اور تم پر پوری کر دی اپنی نعمت"۔

اور بتایا کہ محمد ﷺ خاتم الانبیاء یعنی نبوت کے سلسلہ کو بند کرنے والے ہیں، وَخَاتَمَ النَّبِيّٖنَ خود قرآن نے کہا ہے اور ختم بی النبیون (اور میری ذات سے انبیاء ختم کئے گئے ہیں) حدیث نے کہا ہے (مسلم بالمساجد) الالا نبی بعدی (ہشیار کہ میرے بعد کوئی نبی نہیں) متعدد حدیثوں میں ہے۔ آپؐ نے فرمایا "میں نبوت کی عمارت کا آخری پتھر ہوں"۔ قرآن نے اپنے صحیفہ کی کسی آیت میں کسی بعد میں آنے والے پیغمبر کے لئے جگہ نہیں چھوڑی ہے۔ اس سے معلوم ہوا کہ صرف وہی پیغامِ ربّانی جو محمد رسول اللہ ﷺ کے ذریعہ دنیا میں آیا، خدا کا آخری اور دائمی پیغام ہے اور اسی لئے وَاِنَّا لَهٗ لَحٰفِظُوْنَ کے وعدے سے خدا نے اس کی حفاظت کی ذمہ داری خود لے لی ہے۔

دوستو! اس کے بعد سوال یہ ہے کہ پیغامِ محمدیؐ کے سوا کوئی اور پیغام الٰہی بھی عالمگیر ہو کر آیا۔ بنی اسرائیل کے نزدیک دنیا صرف بنی اسرئیل سے صاف عبارت ہے، خدا صرف بنی اسرئیل کا خدا ہے۔ اس لئے بنی اسرائیل کے انبیاءؑ اور صحیفوں نے کبھی غیر بنی اسرائیل تک خدا کا پیغام نہیں پہنچایا اور اب تک بھی یہودی مذہب اور موسوی شریعت بنی اسرئیل تک محدود ہے۔ تمام صحیفوں میں صرف انہی کو خطاب کیا گیا ہے۔ اور ان کو ان کے خاندانی خدا کی طرف ہمیشہ ملتفت کیا گیا ہے۔ حضرت عیسیٰ نے بھی اپنا پیغام بنی اسرئیل کی کھوئی ہوئی بھیڑوں تک محدود رکھا اور غیر اسرئیل کو اپنا پیغام سنا کر "بچوں کی روٹی کتوں کو دینی پسند

نہ کی'' ہندوستان کے وید بھی غیر آریوں کے کانوں تک نہیں پہنچ سکتے کہ ان کے علاوہ تو تمام دنیا شودر ہے اور وہاں یہ تاکید ہے کہ اگر وید کے شبد شودر کے کانوں میں پڑ جائیں تو اس کے کانوں میں سیسہ ڈال دیا جائے۔

پیغامِ محمدیؐ دنیا میں خدا کا پہلا اور آخری پیغام ہے جو کالے اور گورے، عرب وعجم، ترک وتاتار، ہندی وچینی، زنگ وفرنگ، سب کے لئے عام ہے، جس طرح اس کا خدا تمام دنیا کا خدا ہے'' اَلْحَمْدُ لِلّٰهِ رَبِّ الْعٰلَمِيْنَ ۝۱ ''تمام دنیا کا پروردگار ہے۔اسی طرح اس کا رسول تمام دنیا کا رسول ہے'' رَحْمَةً لِّلْعٰلَمِيْنَ ''تمام دینا کے لئے رحمت ہے اور اس کا پیغام بھی تمام دنیا کے لئے پیغام ہے۔

اِنْ هُوَ اِلَّا ذِكْرٰى لِلْعٰلَمِيْنَ ۝۹۰ ﴿الأنعام: ۹۰﴾ تَبٰرَكَ الَّذِيْ نَزَّلَ الْفُرْقَانَ عَلٰى عَبْدِهٖ لِيَكُوْنَ لِلْعٰلَمِيْنَ نَذِيْرَا ۝۱ الَّذِيْ لَهٗ مُلْكُ السَّمٰوٰتِ وَالْاَرْضِ ﴿الفرقان: ۱﴾ ''نہیں ہے مگر نصیحت تمام دنیا کے لئے''۔''برکت والا ہے وہ (خدا) جس نے اپنے بندہ پر فیصلہ والی کتاب اتاری تاکہ وہ تمام دنیا کو ہشیار کرنے والا ہو، وہ (خدا) کہ اسی کی ہے سلطنت آسمانوں اور زمین کی''۔

آپؐ تمام دنیا کے لئے نذیر ہوکر آئے، جہاں تک خدا تعالیٰ کی سلطنت ہے وہاں تک آپؐ کی پیغامبری کی وسعت ہے، سورۂ اعراف میں ہے: قُلْ يٰۤاَيُّهَا النَّاسُ اِنِّيْ رَسُوْلُ اللّٰهِ اِلَيْكُمْ جَمِيْعَا الَّذِيْ لَهٗ مُلْكُ السَّمٰوٰتِ وَالْاَرْضِ ''کہہ دے اے لوگو! میں تم سب کی طرف (اس) اللہ کا رسول ہوں، جس کی آسمانوں اور زمین کی سلطنت ہے''۔

دیکھو اس میں بھی پیغامِ محمدیؐ کی وسعت ساری کائنات تک بتائی گئی ہے، اس سے زیادہ یہ کہ جہاں تک اس پیغام کی آواز پہنچ سکے، سب اس کے دائرہ میں ہے: وَاُوْحِيَ اِلَيَّ هٰذَا الْقُرْاٰنُ لِاُنْذِرَكُمْ بِهٖ وَمَنْۢ بَلَغَ ''اور میری طرف یہ قرآن وحی کیا گیا ہے تاکہ اس سے میں تم کو ہشیار کروں اور جس تک یہ پہنچے اس کو (ہشیار کروں)''۔

اور بالآخر

وَمَاۤ اَرْسَلْنٰكَ اِلَّا كَاۤفَّةً لِّلنَّاسِ بَشِيْرًا وَّنَذِيْرًا ﴿سبا: ۲۸﴾ ''اور ہم نے نہیں بھیجا تم کو (اے محمد صلی اللہ علیہ وآلہ وسلم) لیکن تمام انسانوں کے لئے خوشخبری سنانے والا اور ہشیار کرنے والا (بنا کر)''۔

ان حوالوں سے یہ امر پوری طرح ثابت ہوتا ہے کہ سارے مذہبوں میں صرف اسلام نے اپنے

دائمی اور آخری اور کامل اور عالمگیر ہونے کا دعویٰ کیا ہے۔

صحیح مسلم میں ہے کہ آپؐ نے فرمایا: ''مجھ سے پہلے تمام انبیاء صرف اپنی اپنی قوم کی طرف بھیجے گئے اور میں تمام قوموں کی طرف بھیجا گیا ہوں''۔ یہ ہمارے دعوے کا مزید ثبوت ہے اور تاریخ کی عملی شہادت ہماری تائید میں ہے۔ الغرض کہنا یہ ہے کہ پیغامِ محمدی بھی اسی طرح کامل، دائمی اور عالمگیر ہے جس طرح اس پیغام کے لانے والے کی سیرت اور اس کا عملی نمونہ کامل، دائمی اور عالمگیر ہے۔

اب سوال یہ پیدا ہوتا ہے کہ اس کامل و دائمی اور عالمگیر پیغمبر کا آخری، دائمی اور عالمگیر پیغام کیا ہے؟ جس نے تمام مذاہب کی تکمیل کی اور ہمیشہ کے لئے خدا کے دین کو مکمل اور خدا تعالیٰ کی نعمت کو تمام کر دیا۔

ہر مذہب کے دو جز ہیں۔ ایک کا تعلق انسان کے دل سے اور دوسرے کا انسان کے باقی جسم اور مال و دولت سے ہے، پہلے کو ایمان اور دوسرے کو عمل کہتے ہیں۔ عمل کے تین حصے ہیں۔ ایک خدا سے متعلق ہے جس کو ''**عبادات**'' کہتے ہیں۔ دوسرا انسان کے باہمی کاروبار سے متعلق ہے، جس کو ''**معاملات**'' کہتے ہیں اور جن کا بڑا حصہ قانون ہے۔ تیسرا انسان کے باہمی تعلقات اور ربط کی بجا آوری سے ہے اس کو ''**اخلاق**'' کہتے ہیں۔ غرض اعتقاداتؔ، عباداتؔ، معاملاتؔ، اور اخلاقؔ و مذہب کے بھی چار جز ہیں اور یہ چاروں جز پیغامِ محمدیؐ کے ذریعہ سے تکمیل کو پہنچے ہیں۔

موجودہ توراتؔ اور انجیل میں عقائد کا حصہ بالکل ناصاف اور غیر واضح ہے۔ اس میں خدا کے وجود اور توحید کا بیان ہے لیکن دلیلوں اور ثبوتوں سے معرا، خدا کی صفات جو اصل میں روحِ انسانی کی بالیدگی کا ذریعہ ہیں اور جن کے ذریعہ سے خدا کی معرفت اور محبت ہوسکتی ہے نہ توتوراتؔ میں ہیں اور نہ انجیلؔ میں۔ توحید کے بعد رسالت ہے۔ رسالت اور نبوت کی حقیقت، وحی الہام، مکالمہ کی تشریح، انبیاء کرام کی حیثیت، انسانی انبیاء کا ہر قوم میں ہونا، انبیاء کے فرائض، انبیاء کو کس حیثیت سے تسلیم کرنا چاہئے۔ انبیاء کی معصومیت، ان تمام مسائل سے پیغام محمدی سے پہلے کے تمام پیغامات خالی ہیں۔ جزا و سزا، دوزخ و جنت، حشر و نشر، قیامت وحیات آخرت۔ تورات میں ان کے نہایت دھندلے سے نشانات ہیں۔ انجیل میں ایک یہودی کے جواب میں ان اہم امور کے متعلق ایک دو فقرے ملتے ہیں۔ ایک دو فقرے جنت و دوزخ کے متعلق بھی ہیں، اور بس! لیکن پیغام محمدی میں ہر چیز صاف اور مفصل موجود ہے۔

فرشتوں کا تخیل تورآت میں بھی ہے مگر بالکل ناصاف، کبھی کبھی خدائے واحد اور فرشتوں میں یہ تمیز مشکل ہو جاتی ہے کہ تورات میں خدا کا ذکر ہو رہا ہے یا فرشتوں کا؟ انجیل میں ایک دو فرشتوں کے نام آتے ہیں، وہاں روح القدس کی حقیقت اس قدر مشتبہ ہے کہ نہ اس کو فرشتہ کہہ سکتے ہیں نہ خدا! یا یوں کہو کہ اسکو فرشتہ بھی کہہ سکتے ہیں اور خدا بھی لیکن پیغام محمدیؐ میں ملائکہ اور فرشتوں کی حقیقت بالکل واضح ہے۔ اس میں ان کی حیثیت مقرر کر دی گئی ہے۔ ان کے کام بتا دئے گئے ہیں۔ خدا تعالیٰ سے پیغمبروں سے اور کائنات سے ان کا تعلق کھول کر بتا دیا گیا ہے۔

یہ وہ تکمیل ہے جو عقائد اور ایمانیات میں پیغام محمدیؐ نے کی ہے۔ اب آیئے عملیات کا امتحان لیں، عملیات کا پہلا حصہ عبادات ہے۔ تورات میں قربانی کی طویل بحث اور اس کے شرائط و آداب کی بڑی تشریح ہے روزوں کا بھی ذکر آیا ہے دعائیں بھی کی گئی ہیں، بیت ایل یا بیت اللہ کا نام بھی آتا ہے۔ لیکن یہ تمام چیزیں اس قدر دھندلی ہیں کہ ان پر لوگوں کی نظر بھی نہیں پڑتی اور وہ ان کے انکار کی طرف مائل ہیں۔ پھر نہ تو عبادات کی تقسیم ہے اور نہ ان کے طریقے اور آداب ہی بتائے گئے ہیں، نہ ان کے اوقات کی صاف صاف تعیین کی گئی ہے اور نہ خدا کی یاد اور دعاؤں کی باقاعدہ تعلیم دی گئی ہے، نہ کوئی دعا بندہ کو سکھائی گئی ہے۔

زبورآ میں خدا کی دعائیں اور مناجاتیں بکثرت ہیں مگر عبادات کے طریقے، آداب، اوقات، اور دیگر شرائط کا پتہ نہیں، انجیل میں عبادات کا بہت کم بلکہ بالکل ذکر نہیں ہے ایک جگہ حضرت عیسیٰؑ کے چالیس دن کے فاقہ کا ذکر ہے، اس کو روزہ کہہ لو۔ یہودیوں کا یہ اعتراض بھی انجیل ہی میں ہے کہ ''کیوں تیرے شاگرد روزے نہیں رکھتے'' سولی والی رات میں دعا کرنے کا ذکر ہے اور وہی ایک دعا بھی سکھائی گئی ہے مگر اور عبادات کا وہاں نشان نہیں، لیکن اسلام کے پیغام میں ہر چیز صاف اور مفصل ہے، نماز، روزہ، حج، ان کے آداب اور شرائط، عبادات کے طریقے، خدا کے ذکر اور یاد کی دعائیں اور مؤثر دعائیں، نماز کے اوقات، روزے کے اوقات، حج کے اوقات، ہر ایک احکام کے اور خدا کے حضور میں بندوں کی عجز و زاری، دعا و مناجات، گناہوں کا اقرار و توبہ و ندامت اور عبد و معبود کے باہمی راز و نیاز کی وہ تعلیمیں دی گئی ہیں جو روح کی غذا ہیں، جو دلوں کی گرہیں کھولتی ہیں، جو انسان کو خدا تک پہونچا دیتی ہیں جو مذہب کی روح کو مجسم کر دیتی ہیں۔

عمل کا دوسرا حصہ معاملات یا مملکت و معاشرت کے قوانین کا ہے یہ حصہ حضرت موسیٰ کے پیغام میں بڑی تفصیل کے ساتھ موجود ہے اور پیغام محمدیؐ نے ان کو بڑی حد تک قائم رکھا ہے۔لیکن ان قوانین کی سختی کم کردی ہے اور ایک قومی قانون کے تنگ دائرے سے نکل کر اس کو عالمگیر قانون کی حیثیت دے دی ہے اور اس حیثیت سے جن تکمیلی اجزاء کی ضرورت تھی ان کا اضافہ کیا ہے۔زبورؔ اور انجیلؔ اس شریعت اور قانون سے بالکل خالی ہیں، طلاق وغیرہ کے متعلق ایک دو احکام انجیل میں البتہ ہیں۔باقی صفر۔مگر عالمگیر اور دائمی مذہب کی ضرورتوں کی کفالت کے لئے مملکت اور معاشرت کے قوانین کی حاجت تھی۔اور چونکہ پیغامِ عیسوی ان سے خالی تھا اس لئے دیکھو کہ عیسائی قوموں کو یہ چیزیں بت پرست یونانی اور رومی قوموں سے قرض لینی پڑیں ۔ پیغام محمدیؐ نے ان میں سے ہر ایک حصہ کو پوری نکتہ سنجی اور باریک بینی کے ساتھ تکمیل کو پہونچایا اور ایسے اصول اور قواعد کلیہ بتائے جن سے وقتاً فوقتاً ائمہ مجتہدین اور علماء نئی نئی ضرورتوں کے لئے مسائل نکال نکال کر پیش کرتے ہیں۔کم از کم ایک ہزار برس تک اسلام نے دنیا میں جو شہنشاہی کی اور سیکڑوں متمدن اور مہذب سلطنتیں قائم کیں ان سب کا اسی قانون پر عمل درآمد رہا اور اب بھی اس سے بہتر قانون دنیا پیش نہیں کرسکتی۔

عمل کا تیسرا حصہ اخلاق ہے۔توراۃ میں اخلاق کے متعلق چند احکام پائے جاتے ہیں، ان میں سات اصولی احکام ہیں، جن میں سے والدین کی فرمانبرداری کی ایک ایجابی تعلیم کے سوا باقی چھ محض سلبی تعلیمیں ہیں، تو خون مت کر، تو چوری نہ کر، تو زنا نہ کر، تو اپنے ہمسایہ پر جھوٹی گواہی نہ دے، تو اپنے ہمسائے کی جورو کو مت چاہ، تو اپنے ہمسایہ کے مال کا لالچ نہ کر، ان میں سے چھٹا حکم چوتھے میں اور ساتواں تیسرے میں داخل ہے اس لئے چار ہی اخلاقی احکام رہ گئے۔

انجیلؔ میں بھی ان ہی احکام کو دہرایا گیا ہے اور مجملاً دوسروں کے ساتھ محبت کرنے کی بھی تعلیم دی گئی ہے جس کو توراۃ کے احکام پر ایک اضافہ کہہ لیجئے۔لیکن پیغام محمدی نے اس قطرے کو دریا کردیا ہے۔سب سے پہلے اس نے اپنے بارہ اصولی احکام متعین کئے جو معراج میں ربانی بارگاہ سے عطا ہوئے تھے اور سورہ اسراء میں مذکور ہیں۔ان بارہ میں سے گیارہ انسانی اخلاق اور توحید کے متعلق ہے۔گیارہ میں سے پانچ سلبی ہیں اور پانچ ایجابی اور ایک سلبی اور ایجابی کا مجموعہ۔

ماں باپ کی عزت اور فرمانبرداری، جن کا تجھ پر حق ہے ان کا حق ادا کر، یتیم سے اچھا برتاؤ کر، ناپ تول، ترازو اور پیمانہ ٹھیک رکھ، اپنا وعدہ پورا کر، کہ تجھ سے اس کی پوچھ گچھ ہوگی۔ یہ پانچ ایجابی باتیں ہیں۔ تو اپنی اولاد کو قتل نہ کر، تو ناحق کسی کی جان نہ لے، زنا کے قریب نہ جا، انجان بات کے پیچھے نہ چل، زمین پر غرور نہ کر یہ پانچ سلبی باتیں ہیں اور ایک حکم سلبی اور ایجابی کا مجموعہ۔ فضول خرچی نہ کر، بلکہ اعتدال اور بیچ کی راہ اختیار کر، انہی اصولی احکام کے مقابلہ سے واضح ہوا ہوگا کہ پیغام محمدی کیونکر تکمیلی پیغام ہو کر آیا ہے۔ اس نے نہ صرف ان اصولی احکام کو بتایا اور مکمل کیا ہے، بلکہ اخلاق کی ایک ایک گرہ کو کھولا، انسان کی ایک ایک قوت کا مصرف بتایا ہے، اس کی ایک ایک کمزوری کو ظاہر کیا، روح کی ایک ایک بیماری کی تشخیص کی اور اس کا علاج بتایا ہے۔

یہ ''عمل'' کی وہ تکمیل تھی جو پیغام محمدی کے ذریعہ سے انجام پائی۔

اسلامی تعلیمات کے وسیع دفتر کو اگر ہم دو مختصر لفظوں میں ادا کرنا چاہیں تو ہم ان کو ''ایمان'' اور ''عمل صالح'' کے دو لفظوں سے تعبیر کر سکتے ہیں۔ ایمان اور عمل یہی دو چیزیں ہیں جو ہر قسم کے محمدی پیغام پر حاوی ہیں اور قرآن پاک میں انہی دونوں پر انسانی نجات کا مدار ہے۔ یعنی یہ کہ ہمارا ایمان پاک اور مستحکم ہو اور عمل نیک اور صالح ہو الذین آمنوا وعملوا الصّٰلحٰت قرآن پاک میں بیسوں جگہ آیا ہے اور ہر جگہ صاف کھول کھول کر بیان کیا ہے کہ فلاح اور کامیابی صرف ایمان اور عمل صالح پر موقوف ہے۔ میں چاہتا تھا کہ ان دونوں اصولی مسئلوں کو پوری تشریح کے ساتھ آپ کے سامنے رکھ دوں، مگر افسوس کہ یہ موقع نہیں ہے کہ یہاں ان کی پوری تفصیل پیش کی جا سکے۔ اس لئے اس وقت پیغام محمدی کا صرف وہ حصہ پیش کیا جاتا ہے جس نے ایمان وعمل کے متعلق تمام دنیا کی غلطیوں کی اصلاح اور دینِ ناقص کو تکمیل کے درجے تک پہونچایا اور ان اصولی اور بنیادی غلطیوں کو دور کیا جن کی بناء پر انسانیت حد درجہ پستی اور گمراہی میں تھی اور وہ غلطیاں ہر قسم کی گمراہیوں کی بنیاد اور جڑ تھیں۔

ا۔ ان بنیادی مسئلوں میں سے سب سے پہلا مسئلہ جو پیغام محمدی کے ذریعہ سے سامنے آیا وہ کائنات اور مخلوقات الٰہی میں انسانیت کا درجہ ہے اور یہی توحید کی جڑ ہے۔ اسلام سے پہلے انسان اکثر مخلوقاتِ الٰہی سے اپنے کو کم درجہ اور کم رتبہ سمجھتا تھا۔ وہ سخت پتھر، اونچے پہاڑ، بہتے دریا، سرسبز درخت، برستے پانی، دہکتی

آگ، ڈراؤنے جنگل، زہریلے سانپ، ڈکارتے شیر، دودھ دیتی گائے، چمکتے سورج، درخشاں تاروں، کالی راتوں، بھیانک صورتوں۔ غرض دنیا کی ہر اس چیز کو جس سے وہ ڈرتا تھا یا جس کے نفع کا خواہش مند تھا، پوجتا تھا اور اس کے آگے اپنی عبودیت کا سر جھکا تا تھا۔ محمد رسول اللہ صلی اللہ علیہ وآلہ وسلم نے آکر دنیا کو یہ پیغام دیا کہ لوگو! یہ تمام چیزیں تمہارے آقا نہیں، بلکہ تم ان کے آقا ہو وہ تمہارے لئے پیدا کی گئی ہیں، تم ان کے لئے پیدا نہیں کئے گئے، وہ تمہارے آگے جھکی ہیں، تم کیوں ان کے آگے جھکتے ہوا ے لوگو! تم اس ساری کائنات میں خدا کے خلیفہ اور نائب ہو اس لئے یہ ساری مخلوقات اور کائنات تمہارے زیر فرمان کی گئی ہیں، تم اس کے زیر فرمان نہیں کئے گئے۔ وہ تمہارے لئے ہے تم اس کے لئے نہیں ہو۔ اِذْ قَالَ رَبُّكَ لِلْمَلٰٓئِكَةِ اِنِّيْ جَاعِلٌ فِي الْاَرْضِ خَلِيْفَةً (بقرہ -۳۰) وھو الذی جعلکم خلٰئف فی الارض (انعام -۲۰) (یاد کرو) جب تیرے خدا نے فرشتوں سے کہا تھا میں زمین میں اپنا نائب بنانے والا ہوں'' اور اسی (خدا) نے تم کو زمین میں اپنا نائب بنایا ہے''۔

اسی نیابت اور خلافت نے آدمؑ اور اولادِ آدم کو سب مخلوقات میں عزت اور بزرگی بخشی۔ **ولقد کرمنا بنی آدم** اور ہم نے بہ تحقیق اور بلاشک وشبہ آدم کی اولاد کو بزرگ بنایا۔ اب کیا یہ بزرگ ہو کر اپنے سے پست تر اور حقیر تر کے آگے سر جھکائے۔

اسلام نے انسان کو یہ سمجھایا کہ یہ ساری دنیا تمہارے لئے بنائی گئی ہے

الم تر ان اللہ سخر لکم مَّا فِي الْاَرْضِ ''کیا تم نے نہیں دیکھا کہ خدا نے جو کچھ زمین میں ہے وہ سب تمہارے بس میں دے دیا ہے'' هُوَ الَّذِيْ خَلَقَ لَكُمْ مَّا فِي الْاَرْضِ جَمِيْعًا (بقرہ-۳)۔

جانور تمہارے لئے پیدا ہوئے ہیں

وَالْاَنْعَامَ خَلَقَهَا ۚ لَكُمْ فِيْهَا دِفْءٌ وَّمَنَافِعُ ''اور جانوروں کو پیدا کیا تمہارے لئے، ان کے اون میں گرمی اور دوسرے فائدے ہیں''۔

بارش اور اس سے اگنے والی سبزیاں اور درخت تمہارے لئے ہیں

هُوَ الَّذِيْٓ اَنْزَلَ مِنَ السَّمَاۗءِ مَاۗءً لَّكُمْ مِّنْهُ شَرَابٌ وَّمِنْهُ شَجَرٌ فِيْهِ تُسِيْمُوْنَ ⑩ يُنْۢبِتُ لَكُمْ بِهِ الزَّرْعَ وَالزَّيْتُوْنَ وَالنَّخِيْلَ وَالْاَعْنَابَ وَمِنْ كُلِّ الثَّمَرٰتِ ۭ ''اسی (خدا) نے آسمان

سے تمہارے لئے پانی اتارا اس میں سے کچھ تم پیتے ہو اور کچھ سے درخت اگتے ہیں جس میں جانور چراتے ہو، وہی خدا تمہارے لئے کھیتی اور زیتون اور چھوہارے اور انگور ہر قسم کے پھل لگاتا ہے"۔

رات، دن چاند، سورج اور تارے سب تمہارے لئے ہیں

وَسَخَّرَ لَكُمُ الَّيْلَ وَالنَّهَارَ ۙ وَالشَّمْسَ وَالْقَمَرَ ۭ وَالنُّجُوْمُ مُسَخَّرٰتٌۢ بِاَمْرِهٖ "اور اس نے رات، دن اور چاند سورج کو تمہارے لئے کام میں لگایا اور ستارے اس کے حکم سے کام میں لگے ہیں"۔

دریا اور اسکی روانی بھی تمہارے لئے ہے

وَهُوَ الَّذِيْ سَخَّرَ الْبَحْرَ لِتَاْكُلُوْا مِنْهُ لَحْمًا طَرِيًّا وَّتَسْتَخْرِجُوْا مِنْهُ حِلْيَةً تَلْبَسُوْنَهَا ۚ وَتَرَى الْفُلْكَ مَوَاخِرَ فِيْهِ وَلِتَبْتَغُوْا مِنْ فَضْلِهٖ وَلَعَلَّكُمْ تَشْكُرُوْنَ ﴿١٤﴾ "اور وہی خدا ہے جس نے دریا کو کام میں لگایا ہے تاکہ تم اس سے تازہ گوشت کھاؤ اور اس سے آرائش کے موتی پہننے کو نکالو اور تم دیکھتے ہو کہ کشتیاں سمندر کو پھاڑتی ہیں اور تاکہ تم خدا کی مہربانی کو ڈھونڈو اور شاید کہ تم اس کا شکر کرو"۔

اس معنی کی بہت سی اور آیتیں قرآن پاک میں ہیں، عارف شیرازی نے اسی مطلب کو اس شعر میں ادا کیا ہے۔

ابر و باد و مہ و خورشید و فلک در کار ند — تا تو نانے بکف آری و بغفلت نخوری

ان آیتوں کے ذریعہ سے پیغامِ محمدی نے یہ واضح کر دیا کہ انسان کائنات کا سرتاج ہے، وہ خلافت الٰہی سے ممتاز ہے، وہ خلقِ کائنات کا مقصود ہے اور لَقَدْ كَرَّمْنَا بَنِيْٓ اٰدَمَ اس کا طغرا ہے، غور کرو کہ اس حقیقت کے فاش ہونے کے بعد انسان کے لئے کائنات کے کسی مظہر یا مخلوق کے آگے سر جھکانا جائز ہے؟ اور اس کے آگے خاک پر پیشانی رکھنا مناسب ہے۔

نادان انسانوں نے خود ایک دوسرے کو بھی خدا بنایا تھا، چاہے اوتار بن کر آئے ہوں یا تختِ جبروت پر قدم رکھ کر فرعون و نمرود شہنشاہ بنے ہوں، تقدس کا لبادہ اوڑھ کر قسیس و راہب کہلائے ہوں یا پوپ اور عالم درویش بن کر اپنے کو معبود منوانا چاہا ہو، یہ بھی انسانیت کی تحقیر تھی، پیغامِ محمدی نے اس کو جڑ سے کاٹ دیا۔

ولا يتخذ بعضنا بعضاً ارباب من دون الله "اور نہ بنائے ہم میں سے ایک دوسرے کو اپنا رب خدا کو چھوڑ کر"۔ یہاں تک کہ نبیوں کو بھی روا نہیں کہ وہ یہ کہیں، **كونوا عباداً لي من دون الله**۔۔۔۔۔۔۔خدا کو چھوڑ کر میرے بندے ہو جاؤ"

آنکھوں سے پوشیدہ ہستیوں میں فرشتے اور آنکھوں کے سامنے کی ہستیوں میں انبیاء سب سے بلند ہیں مگر وہ بھی انسان کے معبود نہیں ہو سکتے۔

ولا یأمرکم ان تتخذوا الملئکة والنبیین اربابا ''اور وہ ''خدا'' یہ حکم نہیں دیتا کہ نبیوں اور فرشتوں کو رب بناؤ''۔

الغرض انسانیت کا درجہ پیغامِ محمدی کے ذریعہ سے اتنا بلند ہو گیا ہے کہ اس کی پیشانی سوائے ایک خدا کے کسی کے سامنے نہیں جھک سکتی اور اس کے ہاتھ اس ایک کے سوا اور کے آگے نہیں پھیل سکتے جس سے وہ لینا چاہے اس کو کوئی دے نہیں سکتا اور جس کو وہ دینا چاہے اس سے کوئی لے نہیں سکتا۔

وهو الذی فی السماء اله وفی الارض اله ''اور وہی آسمان میں خدا ہے اور وہی زمین میں خدا ہے''۔

الاله الخلق والامر ''ہاں اُسی کے لئے ہے پیدا کرنا اور حکم دینا'' ان الحکم الا الله ''حکومت صرف خدا کی ہے لم یکن له شریك فی الملك ''اس کی سلطنت میں کوئی شریک نہیں''۔

اس پیغام محمدی کو سامنے رکھ کر ذرا توحید کے مسئلہ کو سمجھو تو معلوم ہوگا کہ علاوہ اسکے کہ اس نے انسانیت کے درجہ کو کہاں تک بلند کیا، توحید کی حقیقت کو بھی کس طرح کھول دیا ہے، یہاں ''خدا'' کے ساتھ کوئی ''قیصر'' نہیں ہے جو کچھ ہے اسی خدا کا ہے قیصر کا کچھ نہیں۔ اسی کی حکومت ہے، اسی کی سلطنت اور اسی کی فرمانروائی ہے، اسی کا ایک حکم ہے جو فرش سے عرش تک اور زمین سے آسمان تک جاری ہے۔

عزیزو! اپنے سینوں پر ہاتھ رکھ کر بتاؤ کہ ایک انسان اس نشۂ خلافت سے سرمست ہو کر کیا کسی غیر خدا کے آگے جھک سکتا ہے؟ اندھیرا ہو یا روشنی، ہوا ہو یا پانی، بادشاہ ہو یا دشمن، جنگل ہو یا پہاڑ، خشکی ہو یا تری، کیا کبھی ایک صحیح مسلمان کا دل خدا کے علاوہ کسی سے ڈر سکتا ہے؟ اور کسی ہستی کی پرواہ کر سکتا ہے؟ ذرا اس روحانی تعلیم کی اخلاقی قوت کو دیکھو اور پیغام محمدی کی اس بلندی پر غور کرو۔

۲۔ محمد رسول اللہ صلی اللہ علیہ وسلم کا دوسرا اصولی اور بنیادی پیغام یہ ہے کہ انسان اصل خلقت میں پاک اور بے گناہ اور اس کی فطرت کی لوح بالکل سادہ اور بے نفس ہے وہ خود انسان ہی ہے، جو اپنے اچھے برے عمل سے فرشتہ یا شیطان، یعنی بے گناہ یا گنہگار بن جاتا ہے اور اپنی فطرت کے سادہ دفتر کو سیاہ یا روشن کر لیتا ہے، یہ سب سے بڑی خوش خبری اور بشارت ہے جو بنی نوع انسان کو محمد رسول اللہ صلی اللہ علیہ وسلم کے ذریعہ ملی، چین

، برما اور ہندوستان کے تمام مذاہب آواگون اور تناسخ کے چکر میں مبتلا ہیں۔ یونان کے بعض بے وقوف بھی اس خیال سے متفق ہیں۔ مگر اس وہم نے انسانیت کو بے کار کر دیا اور اس کی پیٹھ پر بڑا بھاری پتھر رکھ دیا ہے۔ اس کے ہر عمل کو دوسرے عمل کا نتیجہ بتا کر اس کو مجبور کر دیا ہے اور اس کی ہر زندگی کو دوسری زندگی کے ہاتھ میں دے دیا ہے۔ اس عقیدہ کے مطابق کسی انسان کا دوبارہ پیدا ہونا ہی اس کی گنہگاری کی دلیل ہے۔ عیسائی مذہب نے بھی انسانیت کے اس بوجھ کو کم نہیں کیا بلکہ اور بڑھا دیا ہے عیسائی مذہب نے یہ عقیدہ تسلیم کیا ہے کہ ہر انسان اپنے باپ آدم کی گنہگاری کے سبب سے موروثی طور پر گنہگار ہے خواہ اس نے ذاتی طور پر کوئی گناہ نہ کیا ہو۔ اس لئے انسانوں کی بخشش کے لئے ایک غیر انسان کی ضرورت ہے جو موروثی گنہگار نہ ہوتا کہ وہ اپنی جان دے کر بنی نوع انسان کے لئے کفارہ ہو جائے۔

لیکن محمد رسول اللہ صلی اللہ علیہ وسلم نے آ کر غمزدہ انسانوں کو یہ خوش خبری سنائی کہ تم کو بشارت ہو کہ تم نہ اپنی پہلی زندگی اور کرم کے ہاتھوں مجبور اور ناچار ہو اور نہ اپنے باپ آدم کے گناہ کے باعث فطری گنہگار ہو بلکہ تم فطرتاً پاک و صاف اور بے عیب ہو۔ اب تم خود اپنے عمل سے خواہ اپنی پاکی اور صفائی کو برقرار رکھو یا نجس و ناپاک بن جاؤ۔ وَالتِّيْنِ وَالزَّيْتُوْنِ ① وَطُوْرِ سِيْنِيْنَ ② وَهٰذَا الْبَلَدِ الْاَمِيْنِ ③ لَقَدْ خَلَقْنَا الْاِنْسَانَ فِيْٓ اَحْسَنِ تَقْوِيْمٍ ④ ثُمَّ رَدَدْنٰهُ اَسْفَلَ سٰفِلِيْنَ ⑤ اِلَّا الَّذِيْنَ اٰمَنُوْا وَعَمِلُوا الصّٰلِحٰتِ فَلَهُمْ اَجْرٌ غَيْرُ مَمْنُوْنٍ ⑥ ”قسم ہے انجیر اور زیتون کی اور طور سینا کی اور اس امن والے شہر (مکہ) کی (کہ) البتہ ہم نے انسان کو بہترین اعتدال پر پیدا کیا، پھر اس کو ہم نیچے سے نیچے پہونچا دیتے ہیں، لیکن وہ جو ایمان لائے اور جنہوں نے نیک عمل کئے“۔

انسانوں کو پیغام محمدی کی یہ بشارت ہے کہ انسان بہترین حالت، بہترین اعتدال اور راستی پر پیدا کیا گیا ہے، لیکن وہ اپنے عمل کی بنا پر نیک و بد ہو جاتا ہے۔ خدا تعالیٰ فرماتا ہے۔ وَنَفْسٍ وَّمَا سَوّٰىهَا ⑦ فَاَلْهَمَهَا فُجُوْرَهَا وَتَقْوٰىهَا ⑧ قَدْ اَفْلَحَ مَنْ زَكّٰىهَا ⑨ وَقَدْ خَابَ مَنْ دَسّٰىهَا ⑩ ”قسم ہے نفس کی اور اس کے ٹھیک بنائے جانے کی، پھر ہم نے سمجھ دے دی اس کو نیکی اور بدی کی، تو کامیاب ہے وہ جس نے اس (نفس) کو پاک رکھا اور ناپاک ہوا وہ جس نے اس کو میلا کر دیا“۔

انسانیت کی فطری پاکی کے لئے اس سے زیادہ صاف پیغام اور کیا چاہئے۔ سورہ دہر میں پھر آتا ہے:۔ اِنَّا خَلَقْنَا الْاِنْسَانَ مِنْ نُّطْفَةٍ اَمْشَاجٍ ۖ نَّبْتَلِيْهِ فَجَعَلْنٰهُ سَمِيْعًا بَصِيْرًا ② اِنَّا هَدَيْنٰهُ السَّبِيْلَ اِمَّا شَاكِرًا وَّاِمَّا كَفُوْرًا ③ ”ہم نے انسان کو ایک بوند کے لچھے سے پیدا کیا ہم پلٹتے رہے اس

کو پھر کر دیا ہم نے اس کو سنتا دیکھتا (انسان) ہم نے اس کو سجھا دی راہ، اب وہ یا حق مانتا ہے یا ناشکرا ہے''۔ سورہ انفطار میں ہے:۔ یٰٓاَیُّهَا الْاِنْسَانُ مَا غَرَّكَ بِرَبِّكَ الْكَرِیْمِ ۝۶ الَّذِیْ خَلَقَكَ فَسَوّٰىكَ فَعَدَلَكَ ۝۷ فِیْٓ اَیِّ صُوْرَةٍ مَّا شَآءَ رَكَّبَكَ ۝۸ ''اے انسان! کاہے سے دھوکے میں پڑا تو اپنے بخشش والے رب کے متعلق جس نے تجھ کو پیدا کیا پھر تجھ کو ٹھیک کیا، پھر تجھ کو برابر کیا، جس صورت میں چاہا تجھ کو جوڑ دیا''۔

محمد رسول اللہ صلی اللہ علیہ وسلم کی الہامی زبان میں دین اور فطرت ایک ہی معنی کے دو لفظ ہیں۔ اصل فطرت دین ہے اور گناہ گاری انسان کی ایک بیماری ہے جو باہر سے آتی ہے۔ قرآن مجید کہتا ہے:۔ فَاَقِمْ وَجْهَكَ لِلدِّیْنِ حَنِیْفًا ؕ فِطْرَتَ اللّٰهِ الَّتِیْ فَطَرَ النَّاسَ عَلَیْهَا ؕ لَا تَبْدِیْلَ لِخَلْقِ اللّٰهِ ؕ ذٰلِكَ الدِّیْنُ الْقَیِّمُ وَلٰكِنَّ اَكْثَرَ النَّاسِ لَا یَعْلَمُوْنَ ۝۳۰۔ ''سو تو باطل سے ہٹ کر اپنے آپ کو دین پر سیدھا قائم رکھ، وہی اللہ کی فطرت جس پر اس نے لوگوں کو بنایا ہے، خدا کے بنائے میں بدلنا نہیں یہی سیدھا دین ہے لیکن بہت لوگ نہیں جانتے''۔

پیغمبر اسلامؐ نے اپنے پیغام میں اس آیت پاک کا مطلب پورے طور پر واضح کر دیا ہے، بخاری تفسیر سورہ روم میں ہے کہ آپ نے فرمایا ما من مولود یولد الا علی الفطرۃ، کوئی بچہ ایسا نہیں جو فطرت پر پیدا نہیں ہوتا، لیکن ماں باپ اس کو یہودی یا نصرانی بنا دیتے ہیں۔ جس طرح ہر جانور اصل میں صحیح و سالم بچہ پیدا کرتا ہے۔ کیا تم نے دیکھا کہ کیا کوئی کان کٹا بچہ بھی پیدا کرتا ہے؟ یہ کہہ کر پھر آپ نے اوپر کی آیت پڑھی۔

غور کرو! اس پیغامِ محمدیؐ نے بنی نوع انسان کو اپنی زندگی کے عمل میں کس طرح آزاد بنا دیا ہے۔

۳۔ ظہور محمدیؐ سے پہلے دنیا کی یہ کل آبادی مختلف گھرانوں میں بٹی ہوئی تھی اور لوگ ایک دوسرے سے نا آشنا تھے۔ ہندوستان کے رشیوں اور منیوں نے آریہ ورت سے باہر خدا کی آواز کے لئے کوئی جگہ نہیں رکھی تھی۔ ان کے نزدیک پرمیشور صرف پاک آریہ ورت کے باشندوں کی بھلائی چاہتا تھا۔ خدا کی رہنمائی کا عطیہ صرف اسی ملک اور یہیں کے بعض خاندانوں کے لئے محفوظ تھا۔ زرتشتؔ خاکِ پاک ایران کی پاک نزاد کے سوا اور کہیں خدا تعالیٰ کی آواز نہیں سنتا تھا۔ بنی اسرائیل اپنے خاندان سے باہر کسی نبی اور رسول کی بعثت اور ظہور کا حق نہیں سمجھتے تھے۔ یہ پیغامِ محمدیؐ ہے جس نے یورپ، پچھّم، اتر، دکھن ہر طرف خدا کی آواز سنی اور بتایا کہ خدا کی رہنمائی کے لئے ملک قوم اور زبان کی تخصیص نہیں، اس کی نگاہ میں فلسطین، ایران، ہندوستان اور عرب سب برابر ہیں۔ ہر جگہ اس کے پیغام کی بانسری بجی اور ہر طرف اس کی رہنمائی کا

نور چمکا۔ وَاِنْ مِّنْ اُمَّةٍ اِلَّا خَلَا فِيْهَا نَذِيْرٌ ”اور نہیں ہے کوئی کہ گذر چکا اس میں ایک ہوشیار کرنے والا“ وَّلِكُلِّ قَوْمٍ هَادٍ (رعد) ”اور ہر قوم کے لئے ایک رہنما ہے“۔ وَلَقَدْ اَرْسَلْنَا مِنْ قَبْلِكَ رُسُلًا اِلٰى قَوْمِهِمْ (روم) ”اور ہم نے تجھ سے پہلے کتنے رسول ان کی اپنی اپنی قوم کے پاس بھیجے“۔

ایک یہودی اپنی قوم سے باہر کسی پیغمبر کو تسلیم نہیں کرتا، ایک عیسائی کے لئے بنی اسرائیل کے یا دوسرے ملکوں کے رہنماؤں کو تسلیم کرنا ضروری نہیں اور ایسا کرنے سے اس کے سچے عیسائی ہونے میں کچھ فرق نہیں آتا۔ ہندو دھرم کے لوگ آریہ ورت کے باہر خدا کی کسی آواز کے قائل نہیں۔ ایران کے زردشتی کو اپنے یہاں کے سوا دنیا ہر جگہ اندھیری معلوم ہوتی ہے۔ لیکن محمد ﷺ کا ہی پیغام ہے کہ ساری دنیا ایک ہی خدا کی مخلوق ہے۔ اور خدا تعالیٰ کی نعمتوں میں ساری قومیں اور نسلیں برابر کی شریک ہیں۔ ایران ہو یا ہندوستان، چین ہو یا یونان، عرب ہو یا شام، ہر جگہ خدا کا نور یکساں چمکا۔ جہاں جہاں بھی انسانوں کی آبادی تھی خدا نے اپنے قاصد بھیجے اپنے رہنما اتارے اور ان کے ذریعہ اپنے احکام سے سب کو مطلع فرمایا۔

اسلام کی اسی تعلیم کا نتیجہ ہے کہ کوئی مسلمان اس وقت تک مسلمان نہیں ہوسکتا جب تک دنیا کے تمام پیغمبروں پر، پہلی آسمانی کتابوں پر اور گذشتہ ربانی الہاموں پر یقین نہ رکھے، جن جن پیغمبروں کے قرآن میں نام ہیں ان کو نام بنام اور جن کے نام نہیں معلوم، یعنی قرآن نے نہیں بتائے ہیں وہ کہیں بھی گذرے ہوں اور ان کے جو نام بھی ہوں ان سب کو سچا اور راست باز ماننا ضروری ہے۔

مسلمان کون ہیں؟

وَالَّذِيْنَ يُؤْمِنُوْنَ بِمَآ اُنْزِلَ اِلَيْكَ وَمَآ اُنْزِلَ مِنْ قَبْلِكَ ”جو ایمان رکھتے ہیں اس پر جو اے محمد تم پر اترا اور اس پر جو تم سے پہلے اترا“۔ پھر سورۂ بقرہ کے بیچ میں فرمایا: وَلٰكِنَّ الْبِرَّ مَنْ اٰمَنَ بِاللّٰهِ وَالْيَوْمِ الْاٰخِرِ وَالْمَلٰٓئِكَةِ وَالْكِتٰبِ وَالنَّبِيّٖنَ ”لیکن نیکی اس کی ہے جو خدا پر اور قیامت کے دن پر اور فرشتوں پر اور کتاب پر اور تمام نبیوں پر ایمان لایا“۔ اس سورت کے آخر میں ہے کہ پیغمبر اور اس کے پیرو: كُلٌّ اٰمَنَ بِاللّٰهِ وَمَلٰٓئِكَتِهٖ وَكُتُبِهٖ وَرُسُلِهٖ لَا نُفَرِّقُ بَيْنَ اَحَدٍ مِّنْ رُّسُلِهٖ ”سب ایمان لائے خدا پر اور اس کے فرشتوں پر اور اس کی کتابوں پر اور اس کے رسولوں پر ہم اس کے رسولوں میں باہم فرق نہیں کرتے“۔

یعنی یہ نہیں کرسکتے کہ بعض پر ایمان لائیں اور بعض پر نہیں۔ تمام مسلمانوں کو حکم ہوتا ہے: يٰٓاَيُّهَا

الَّذِيْنَ اٰمَنُوْٓا اٰمِنُوْا بِاللّٰهِ وَرَسُوْلِهٖ وَالْكِتٰبِ الَّذِيْ نَزَّلَ عَلٰى رَسُوْلِهٖ وَالْكِتٰبِ الَّذِيْٓ اَنْزَلَ مِنْ قَبْلُ ''اے ایمان لاچکنے والو! ایمان لاؤ خدا پر اور اس کے رسول پر اور اس کتاب پر جو اس نے اپنے رسول پر اتاری اور اس کتاب پر جو پہلے اتاری گئی''۔

عزیزو! دنیا کی اس روحانی مساوات، انسانی اخوت و برادری اور تمام سچے مذہبوں رہنماؤں اور پیغمبروں کے اس حقیقی ادب و تعظیم اور ان کی یکساں صداقت کا سبق محمد رسول اللہ صلی اللہ علیہ وسلم کے سوا اور کس نے دیا ہے؟ اب بتاؤ کہ پیغمبرِ اسلام کی رحمت عام ہمدردی اور رواداری کا دائرہ کتنا وسیع ہے کہ اس سے انسانوں کی کوئی بستی اور بنی آدم کا کوئی گھرانہ خالی نہیں ہے۔

۴۔ تمام مذہبوں نے عبد معبود اور خدا و بندے کے درمیان واسطے قائم رکھے تھے۔ قدیم بت خانوں میں کاہن اور پجاری تھے۔ یہودیوں نے بنی لادی اور ان کی نسل کو خدا اور بندے کے درمیان عبادتوں اور قربانیوں میں واسطہ بنایا تھا۔ عیسایوں نے بعض حواریوں اور ان کے جانشین پوپوں کو یہ رتبہ دیا کہ وہ جو زمین پر باندھیں گے وہ آسمانوں پر باندھا جائے گا اور جو زمین پر کھولیں گے وہ آسمان پر کھولا جائے گا۔ ان کو تمام انسانوں کے گناہ معاف کرنے کا اختیار دیا گیا، ان کے بغیر کوئی عبادت نہیں ہوسکتی۔ ہندوؤں میں برہمن خاص خدا کے داہنے ہاتھ سے پیدا ہوئے ہیں، خدا اور بندے کے درمیان وہی واسطہ ہیں ان کی وساطت کے بغیر کوئی ہندو عبادت نہیں ہوسکتی۔ مگر اسلام میں پجاریوں، کاہنوں پوپوں اور پادریوں کی کوئی جماعت نہیں ہے۔ یہاں گناہوں کی معافی کا حق صرف اللہ کو ہے۔ عبد و معبود اور خدا بندے کی عبادت اور راز و نیاز میں کسی غیر کو دخل نہیں، ہر شخص جو مسلمان ہے، نماز کا امام ہوسکتا ہے، قربانی کرسکتا ہے مذہب کے تمام مراسم بجالاسکتا ہے، یہاں انسانوں کو ادعونی استجب لکم ''اے لوگو! (بلا واسطہ) مجھے پکارو میں تم کو جواب دوں گا'' کی صدائے عام ہے۔ ہر شخص اپنے خدا سے باتیں کرسکتا ہے، اپنی دعاؤں میں اسے پکار سکتا ہے، اس کے آگے جھک سکتا ہے اور دل کی عقیدت کے نذرانے بلا واسطہ پیش کرسکتا ہے، یہاں عبد اور معبود اور خدا و بندہ کے درمیان کوئی متوسط اور دخیل نہیں۔ یہ سب سے بڑی آزادی ہے جو محمد رسول اللہ صلی اللہ علیہ وسلم کے ذریعہ انسانوں کو عطا ہوئی، یعنی یہ کہ خدا کے معاملہ میں انسانوں کی غلامی سے نجات ملی، ہر انسان اپنا آپ کاہن، پریسٹ، پوپ اور برہمن ہے۔

۵۔ انسانوں کی تعلیم و ہدایت کے لئے جو مقدس ہستیاں وقتاً فوقتاً آتی رہیں ان کے متعلق ابتداء سے

قوموں میں حد درجہ عقیدت مندی کی افراط تفریط رہی ہے۔ افراط یہ رہی کہ نادانوں نے ان کو خدا یا خدا کا مثل یا خدا کا روپ اور مظہر ٹھہرایا۔ بابل، سیریا اور مصر کے ہیکلوں میں کاہنوں کی شان مثیل خدا کی نظر آتی ہے۔ ہندوؤں میں وہ اوتار کے رنگ میں مانے جاتے ہیں، بودھوں اور چینیوں نے اپنے اپنے بودھوں اور مہابیروں کو خود خدا تسلیم کر لیا۔ عیسائیوں نے اپنے پیغمبر کو خدا کا بیٹا ٹھہرایا۔ دوسری طرف تفریط یہ ہے کہ بنی اسرائیل کے نزدیک ہر وہ شخص جو پیشن گوئی کر سکتا تھا نبی اور پیغمبر تھا۔ ایک نبی کی نبوت کے لئے اتنا ہی کافی تھا کہ وہ پیشن گوئی کرتا ہے خواہ وہ گنہگار رہو، اخلاقی حیثیت سے قابل اعتراض ہو، خدا کی نگاہ میں اس کا کیسا ہی درجہ ہو، اس کا نیک اور معصوم ہونا بھی ضروری نہ تھا اس لئے بنی اسرائیل کے موجودہ صحیفوں میں بڑے بڑے پیغمبروں کے متعلق ایسی حکایتیں ملتی ہیں جو حد درجہ لغو اور بے ہودہ ہیں۔

اسلام نے منصبِ عظیم کی صحیح حیثیت مقرر کی اور بتایا کہ انبیاء نہ خدا ہیں اور نہ خدا کے مثل ہیں، وہ بشر ہیں اور خالص بشریت کے جامہ میں ہیں۔ تمام انبیاء بشر تھے اور آخری پیغمبر نے خود اپنے متعلق کہا کہ میں بشر ہوں، کفار تعجب سے کہتے تھے "ابشرا رسولا" کیا بشر رسول؟ اسلام نے کہا ہاں!۔۔۔ "کہہ دے اے پیغمبر! میں بھی تمہاری طرح بشر ہوں، میں نہیں ہوں لیکن بشر رسول"۔

خدا کے کارخانے کی کوئی چیز بالذات انبیاء کے اختیار میں نہیں۔ ان کو بالذات کسی مافوق طاقت بشری کام پر قدرت نہیں، انہیں نے جو کچھ کیا وہ خدا تعالیٰ کے اذن و اشارہ سے کیا۔

دوسری طرف بتایا گیا کہ وہ گو انسان اور بشر ہیں، لیکن اپنے کمالات کی حیثیت سے تمام انسانوں سے مافوق ہیں، وہ خدا سے مکالمہ کرتے ہیں، ان پر خدا کی وحی نازل ہوتی ہے وہ بے گناہ اور معصوم ہوتے ہیں تا کہ گنہگاروں کے لئے نمونہ بنیں، ان کے ہاتھوں سے خدا اپنے اذن اور اشارے سے اپنی قدرت کے عجائبات دکھاتا ہے۔ وہ لوگوں کو نیکی کی تعلیم دیتے ہیں۔ ان کی عزت و تعظیم اور اطاعت سب فرض ہے۔ وہ خدا تعالیٰ کے خاص مطیع اور سچے بندے ہیں جن کو خداوند کریم اپنی رسالت اور پیغمبری کے منصب سے سرفراز کرتا ہے۔

یہ ہے اعتدال اور درمیانی راہ جو پیغام محمدی نے انبیاء اور رسولوں کی نسبت قائم کی ہے، جو ہر قسم کی افراط و تفریط سے پاک ہے اور اس مذہب کے مناسب ہے جس نے دنیا میں توحید کی تکمیل کی۔

وآخر دعوانا ان الحمد للہ رب العالمین

☆☆☆

حضرت مولانا سید محمد ولی رحمانی صاحب

امام الہند مولانا ابوالکلام آزاد

کئی دماغوں کا ایک انساں

[امام الہند مولانا ابوالکلام آزاد رحمۃ اللہ علیہ عظیم، منفرد اور لاثانی انسان تھے، خطابت وسیاست، قیادت وفراست میں امامت کے منصب پر فائز تھے، وہ باہمہ شخص تھے، اور بے ہمہ بھی، ساتھ ہی ساتھ بے نیاز اور ''بے پناہ'' بھی! نام محی الدین احمد تھا، مشہور ''**ابوالکلام**'' سے ہوئے، ان کے سے لاثانی خطیب اور البیلے مقرر کے لئے یہی نام جچتا بھی ہے، بولنے پہ آتے تو علم کا دریا بہاتے، قلوب کو مسخر کرتے اور جذبات کے سمندر میں طلاطم برپا کردیتے تھے، وہ بولتے نہیں موتی رولتے تھے ان کے یہاں پھبتی، گالی، فقرہ، طنز، ہجو، مخالفت، حسد ورقابت اور ہر قسم کی یلغار وپیکار کا جواب بس ایک تھا ان کی سحر انگیز خطابت، زیرِ نظر مضمون میں ان کی اس امتیازی صفت کے ساتھ ساتھ ان کی دوسری خوبیوں پر بھی روشنی ڈالی گئی ہے۔ مضمون نگار عالم ربانی حضرت مولانا سید محمد ولی رحمانی مدظلہ رواں دواں قلم اور منفرد طرز نگارش کے مالک ہیں، نپے تلے الفاظ میں خوبصورت تعبیرات کے ساتھ اپنے خیالات کا بے باک اظہار ان کی تحریروں کی خاص خوبی ہے، ادارہ الفرقان سپاس گذار ہے کہ حضرت محترم نے اپنا یہ بیش قیمت مضمون الفرقان کے لئے عنایت فرمایا، جزاہ اللہ خیر الجزاء، مضمون کا وہ حصہ بطور خاص زیادہ لائق توجہ ہے جس میں حضرت مولانا محمد سجاد رحمۃ اللہ علیہ اور ان کے رفقاء کی سیاسی بصیرت وفراست اور منفرد طرز عمل کا تذکرہ کیا گیا ہے، آج کے بدلے ہوئے حالات میں ان کے تجربے سے بھرپور فائدہ اٹھایا جاسکتا ہے ——— محمد عمرین محفوظ رحمانی]

۲۲ رفروری ۱۹۵۸ء کو مولانا آزاد رخصت ہوگئے۔ اک دھوپ تھی جو ساتھ گئی آفتاب کے! وقت گذرتے کیا دیر لگتی ہے، دیکھتے دیکھتے پچپن سال بیت گئے، ایک پوری نسل ماں کے آغوش سے نکلی، بچپن بتایا، جوانی گذاری، اور اب بڑھاپے کی دہلیز پر کھڑی ہے، وقت کتنا تیز گذرا، مگر گذرنا اور

گذر جانا تو وقت کا مقدر ہے، اور ایک وقت ہی کیا، ہر چیز گذر جاتی ہے—اس پورے عرصہ میں زندگی برتنے کا انداز بدلا، گھر کی تہذیب میں بڑا فرق آ گیا، باہر کا ماحول زیروزبر ہوگیا، پسند اور ناپسندیدگی کے معیار میں ہی فرق نہیں آیا، پیمانے بھی بدل گئے، اور تبدیلی کا یہ عمل مسلسل جاری ہے— لگتا ہے کہ شکست وریخت کے عمل نے رفتار پکڑلی ہے، اور ''ثبات ایک تغیر کو ہے زمانہ میں''—!

آدھی صدی گذرنے کے بعد گھر آنگن میں ایسی تبدیلی آئی کہ بچے اب والدین سے نہیں سیکھتے، ٹی وی دیکھتے اور اسی سے خود کو ''سنوارتے'' ہیں، اور بچہ ابھی کھڑا نہیں ہوتا کہ چھکا لگانے کا ڈیزائن دینے لگتا ہے، گھر کے اس ماحول نے دنیا کے رنگ وآہنگ کو بھی بدل دیا، سماج کی تیلیاں تو بکھریں ہی، گھرانہ کی گرفت بھی ختم ہوگئی، اور بچپن ہی سے ''ہر شخص تنہا جینے کی مشق'' کرتا ہوا لگتا ہے۔ بے لگامی اور بے لحاظی کے اس دور میں وہ تذکرہ بھی چونکا دینے والا ہوتا ہے، کہ پچاس برس پہلے گاؤں سے لے کر شہر تک کی کیا تہذیب تھی! اور تربیت کے لیے کیا کچھ ہوتا تھا! ۔ گاؤں محلہ کے بڑے بوڑھے اپنے گھروں ہی میں نہیں، سڑکوں، گلیوں، کوچوں اور پگڈنڈیوں پر بھی ڈھیر سے ''اختیارات'' اور ''جذبۂ تربیت'' کے ساتھ قدم بڑھاتے تھے !

میں نے جس گھرانے میں آنکھیں کھولیں، جس آنگن میں چلنا بولنا سیکھا، جن تعلیم گاہوں میں میری تعلیم اور تربیت ہوئی، وہاں یہ بتایا جاتا تھا کہ انسان کیا ہے، اس کی ذمہ داریاں کیا ہیں؟ کردار کی بلندی کیسی نعمت ہے؟ انسانیت کے تقاضے کیا ہیں؟ ہاں! یہ بتایا جاتا کہ بی اماں کون تھیں، محمد علی، شوکت علی کن جیالوں کا نام تھا، گاندھی جی کی کیا اہمیت ہے؟ بہادر شاہ ظفر کے ساتھ کیا ہوا، ہندوستان پر انگریزوں کے دخل قبضہ روکنے کے لیے ٹیپو سلطان نے کس بہادری سے جان دی، گھریلو تذکروں کی وجہ سے اپنے بزرگوں کی ہمت وجرأت، وطن سے محبت اور سائنس وٹکنالوجی میں ان کی مہارت کا نقش دل میں ایسا جما کہ بڑھاپے میں بھی ان یادوں کے ذرے حوصلوں کو تازہ کرتے ہیں!

بچپن کی یہ تربیت، بڑوں کے تذکرے اور بھلی باتوں کا ذکر مسلسل، سوچنے، سمجھنے، برتنے اور زندگی جینے کے انداز کو بدل ڈالتا ہے، اس انداز تربیت سے کردار میں پختگی آتی ہے، اور ماضی کی قدروں اور روایتوں کا رشتہ حال سے پیوست ہوتا اور مستقبل سے جڑتا ہے—ان تذکروں کا ایک اثر وہ کیفیت تھی، جو میں نے امام الہند مولانا آزاد کے انتقال کی خبر کے بعد اپنے گھر کے اندر اور باہر دیکھی، صبح صبح رضی بھائی آئے، آنسوؤں سے روتے بلکتے اور کہا: ''مولانا آزاد گذر گئے'' ایسا محسوس ہوا کہ ہاتھوں سے کوئی نعمت چھن گئی ——میں نے مولانا آزاد کو دیکھا نہیں تھا، چرچے گھر میں سنے تھے، تھوڑا سا پڑھا تھا، تو ان سے رشتہ سا محسوس ہوتا تھا، عقیدت ہوگئی تھی، اب جو انتقال کی خبر ملی، تو جھٹکا سا لگا!

ہمارے رضی بھائی نے چچا جان کے کمرہ کے باہر ایک مرحوم قسم کا ریڈیو لگا دیا، جو مولانا کے سرکاری گھر کا آنکھوں دیکھا حال نشر کر رہا تھا، کئی آوازیں ''اس آنکھوں دیکھی'' کو پھیلانے میں جُٹی تھیں، یاد آتا ہے ان میں سب سے پاٹ دار آواز شیو ساگر مصر کی تھی، جو رہ رہ کر رندھ جاتی، ڈوب جاتی، اور کوئی دوسرا کمان سنبھال لیتا، یہ رنگ تھا مولانا سے عقیدت اور محبت کا— خانقاہ رحمانی کے تمام لوگ سارے کام بھول گئے، انہیں ناشتہ بھی یاد نہ رہا، ریڈیو کے گرد جمع سب لوگ سن رہے تھے، آنسو، آہیں، سسک، کڑھن چبھن، ایسی آہ جو دبائے نہ دبے، دیر تک یہ سلسلہ چلتا رہا، اور دفن کے بعد بھی دیر تک ریڈیو سے آواز بلند ہوتی رہی، دور دور کے لوگ سنتے رہے۔

یہ تھا بچپن کے عکس کا نقش، ریڈیائی خبر رسانی کے اثرات اور کیفیات، جو میرے دل، میرے حواس پر چھا گئے، کسی موت پر میں نے ایسی کیفیت نہیں دیکھی، اتنے غمزدہ، ایسے اداس چہرے، اتنے روتے بلکتے لوگ۔ ایسی سسکیاں اور ہچکیاں میں نے ۲۲ رفروری سے پہلے نہ دیکھا نہ سونچا اور اس کے بعد بھی زندگی میں یہ کیفیت دو ایک بار ہی دیکھنے کو ملی— اُس وقت دل میں یہی آیا کہ جب ایسے ایسے لوگ بھنچی آنہوں اور چھلکتے آنسوؤں کے ساتھ رو رہے ہیں، تو یقیناً مولانا بہت بڑی ہستی رہے ہوں گے۔

بعد میں یہ بھی خبر لگی کہ مولانا کا جنازہ جب قبر میں اتارا جا رہا تھا، تو ایک شخص جسم و جان کی پرواہ کیے بغیر دھکا دیتے اور دھکا کھاتے قبر تک پہونچا— یہ تھے جناب شورش کاشمیری، چٹان کے ایڈیٹر، آزادی سے پہلے اور پاکستان بننے کے بعد بھی جیل کی سلاخوں سے مانوس، اور بیس سال جیل میں زندگی گذارنے والے، پاکستان میں مولانا کے اعلانیہ عقیدتمند اور ان کے لیے لڑنے مرنے کے لیے تیار، قلم سے تکا بوٹی کرنے پر آمادہ ہے— سنا کہ قبر میں مولانا کا چہرہ دکھایا گیا، جناب شورش نے دیکھا اور دیکھتے رہے— پھر جناب شورش جیسے عجیب و غریب شاعر، جس کی زبان سے شاعر کا کوئی شعر کسی نے نہیں سنا تھا، کی زبان سے یہ مصرعے لوگوں نے سنے:

کئی دماغوں کا ایک انساں میں سونچتا ہوں کہاں گیا ہے
قلم کی عظمت اجڑ گئی ہے زباں سے زور بیاں گیا ہے

اتر گئے منزلوں پہ چہرے، امیر کیا کارواں گیا ہے
مگر تیری مرگ ناگہاں کا مجھے ابھی تک یقیں نہیں ہے!

دیکھتے دیکھتے جناب شورش کے احساسات اور برسوں کے تجربات شعری ڈھانچہ میں ڈھلتے چلے گئے۔ چوبیس اشعار اور چھ بندوں پر مشتمل یہ شہکار نظم قبر پر کھڑے کھڑے کہہ دی، جسے نئے انداز نئے آہنگ کا مرثیہ کہا جا سکتا ہے، اور جو شورش کاشمیری صاحب کی طرف سے امام الہند مولانا آزادؒ کی خدمت میں بہترین

خراج عقیدت ہے، ان کی شاعرانہ صلاحیتوں کا آئینہ دار، اور برجستہ گوئی کا شہکار ہے، ۱۰/ مارچ ۱۹۵۸ء کے ہفت روزہ چٹان لاہور کے ادارتی صفحہ پر اسے جگہ دی گئی۔ پھر اخبارات اور رسالوں نے اسے اہتمام کے ساتھ شائع کیا، بعض کتابوں میں یہ خراج عقیدت محفوظ ہے۔

یہ مرحلے گذر گئے، اسکی سوگوار یاد میرے دل پر نقش ہے — اسکا ایک اثر یہ ہوا کہ مولانا آزاد کو میں نے پڑھنا شروع کردیا، ان کی جتنی تحریریں ملیں، پڑھ گیا، چاہے وہ الہلال، البلاغ کی فائلیں ہوں، مولانا شروانی کے نام خطوط ہوں، غبار خاطر یا کچھ اور۔ مولانا کی عربی اور فارسی زدہ اردو پورے طور پر تو کیا سمجھ میں آتی، مگر وہ تھی بڑی رواں دواں، میں اس روانی میں بہتا رہا اور مولانا کے ساحل سے قریب ہوتا رہا — مولانا پر جو کچھ لکھا گیا، کوشش کی، وہ ساری چیزیں تلاش کیں، کچھ تو بس مل گئیں، اور بعض کو خریدا اور پڑھتا رہا، اس زمانہ میں مولانا کی عظمت، ہمہ گیر صلاحیت اور انفرادیت کا جو نقش جمیل دل میں گھر کر گیا، اسکے روشن نقوش دل میں آج بھی ہیں۔

مولانا آزاد ایک بڑے پیر اور بڑے عالم کے صاحبزادہ تھے، دنیا کے کئی ممالک میں ان کے والد مولانا خیرالدین کے مرید پھیلے ہوئے تھے، اللہ تعالیٰ نے انہیں بڑی مقبولیت دی تھی، کلکتہ تو انکا مسکن ہی تھا، وہ عیدین کے امام اور ناخدا مسجد کے خطیب تھے، اور ان ساری حیثیتوں اور صلاحیتوں کی وجہ سے انہیں جو مرکزیت حاصل تھی، عقیدتمند اسکا پرتو صاحبزادہ میں بھی دیکھ لیتے تھے، مولانا آزاد اپنے مزاج و انداز کے لحاظ سے والد ماجد سے خاصے مختلف تھے، وہ نہ پیر کہلانے کیلئے تیار تھے، نہ لوگوں کی صف بستگی انہیں جچتی تھی، اور ہاتھ چموانے سے تو انہیں خاصی کراہت تھی، مگر عقیدت اور محبت کے انداز ہی نرالے ہوتے ہیں — یہ انداز سکھائے نہیں جاتے، آجاتے ہیں — محبت تم کو انداز محبت خود سکھا دے گی والا معاملہ ہوتا ہے۔

مولانا آزاد کلکتہ میں ٹرام سے کہیں جارہے تھے، عقیدتمندوں کی نگاہ پڑ گئی، اور عقیدت کا اظہار ہونے لگا، سلام و مصافحہ، دست بوسی اور شاید نذرانہ بھی! — مولانا ٹرام سے اتر پڑے، اور کلکتہ کی اس "عوام پسند" سواری کو ہمیشہ کیلئے خیر باد کہہ دیا — اب کار پر ہی کلکتہ میں آنا جانا ہوتا، جو مولانا کی جیب کے لیے بارگراں سہی، مزاج سے ہم آہنگ تھا، ایک دن کار کہیں ٹھہری، اور رکی گاڑی پر لوگوں نے مولانا کا جلوہ دیکھ لیا، پھر کیا تھا، مصافحوں پر مصافحے، عقیدت نچھاور ہورہی تھی اور محبت بچھتی چلی جارہی تھی — مگر مزاجاً مولانا کی مصیبت بڑھتی جارہی تھی، خدا خدا کر کے مولانا ۱۰/ بالی گنج (کرایہ کی رہائش گاہ) پہونچے — اور کار میں پردہ لگانے کا حکم جاری ہوگیا۔ یہ تھا مولانا کا مزاج و انداز!

بات پہ بات یاد آتی ہے، اور دو دور کے مزاج کا فرق بھی نگاہوں میں پھر جاتا ہے، آج ہر شخص ''**اپنا گھر**'' کا خواب سجاتا ہے، کچھ نہ ہو سکے تو ''**اندرا آواس**'' ہی کی آرزو رکھتا ہے، ''اپنا گھر'' ہر فرد کی سماجی ضرورت ہے، مگر وہ دور دوسری ضرورتوں اور اونچی قدروں کا تھا، مولانا پوری زندگی لامکان رہے، نہ انہوں نے مکان سازی کی آرزو سجائی، نہ ان کے پدر بزرگوار نے، چاہتے تو بڑی کوٹھی ان کے لیے چھوٹی چیز ہوتی، مگر ''ان کی ضرورت'' کے خانہ میں ''یہ جنس'' تھی ہی نہیں۔ جو بے نیاز کا بندہ ہے بے نیاز رہے — مولانا کے گھرانہ نے کلکتہ میں کرایہ کے مکان میں ہی گذر بسر کی اور لانبے عرصہ تک A19 بالی گنج کو نوازا، اب اسی مکان کو مولانا کی یادگار میں بدل دیا گیا ہے!

مولانا کی کم آمیزی اور مجمع سے دوری کی وجہ جو بھی رہی ہو۔ مگر ایک عالم اور ایک عوامی لیڈر کیلیے یہ سادگی اور بے نیازی مہنگی پڑتی ہے، اور اسکے اثرات مولانا کی زندگی میں بھی سامنے آئے، اور آتے رہے — گاندھی جی کلکتہ پہونچے، اور وقت لئے بغیر مولانا کے گھر پہونچ گئے — مولانا عبدالرزاق ملیح آبادی، مولانا آزاد کے دست راست، نے گاندھی جی کو بٹھایا، اور تیز رفتاری کے ساتھ مکان کے اوپر کی منزل پر پہونچے۔ مولانا مطالعہ میں مشغول تھے — ''گاندھی جی آئے ہیں، انہیں نچلی منزل میں بٹھایا ہے،'' مولانا ملیح آبادی نے کہا:۔ ''یہ میرے مطالعہ کا وقت ہے، ان سے کہہ دیجئے کہ شام کو آئیں'' یہ مولانا آزاد کا جواب اور گاندھی کے استقبال کا انداز تھا، مولانا ملیح آبادی نے پھر یاد دہانی کی ''گاندھی جی ہیں'' — مگر مولانا اپنے جواب پر قائم، اپنے انداز پر اٹل — گاندھی جی واپس چلے گئے، اور پھر شام کو آئے!

وقت کی پابندی بڑی خوبی ہے، اور زندگی کے بھرپور استعمال کا بنیادی نسخہ — مگر سیاست کی وادی میں بیدردی کے ساتھ جو خزانہ خالی کیا جاتا ہے، وہ روپئے سے زیادہ ''وقت'' کا ہے، اور مرحلہ خار دار میں ''خون تمنا'' نہیں دیکھا جاتا، زندگی اور اچھی خاصی بھلی زندگی اور قیمتی وقت کو قاتل سیاست کے حوالہ کرنا پڑتا ہے، مولانا قعر دریا میں رہ کر دامن کو خشک رکھنے کی کوشش کرتے رہے، ''سچ ہوا کرتی ہیں ان خوابوں کی تعبیریں کہیں'' —؟ گاندھی جی کے ساتھ یہ خشک رویہ صوفی منش عالم دین کا ہو، تو چلے گا، مگر جس وادی پر خار کے ہمارے مولانا شہسوار تھے، اس کے آداب کے مطابق یہ رویہ ٹھیک نہیں ہے، یہ رویہ باعظمت جتنا مانا جائے، پُر حکمت نہیں مانا جاسکتا اور پھر عوام کے جذبہ دیدار پر برقعہ پوشی ''عوام کے مرکز خیال'' سے میل نہیں کھاتا۔

عوام اور خواص کو متاثر کرنے کی مولانا میں بے پناہ صلاحیت تھی، ان کا علم، ان کی خطابت، ان کا سراپا، ان کی شخصیت، ان کا انداز، ان کی وجاہت، ان کا فکری تسلسل، ان کی دین و شریعت پر نظر اور پھر اپنے نقطہ کو پیش کرنے کی منطقی ترتیب نے ہم عصروں اور بڑے بڑوں میں مولانا کو ''عظیم تر'' کے درجہ پہ بٹھا رکھا

تھا۔ بھوپال میں عوامی اجلاس تھا، مجمع بڑا تھا، اور مخالفوں کی تعداد بہت زیادہ تھی، وہ بھی لاٹھی، چھرے اور گڈاسے، بلّم سے آراستہ، مولانا اس ''خطرناک مجمع'' میں بولنے کے لیے بے چین نظر آرہے تھے، جیسے ہی ناظم اجلاس نے مولانا کا نام لینا شروع کیا، مولانا کھڑے ہوئے اور ذرا دائیں جانب رخ کرکے تقریر شروع کردی، تھوڑی دیر میں لاٹھی، چھرے ہاتھوں سے چھوٹے اور مجمع ششدر، مبہوت، بلکہ مسحور —— پندرہ بیس منٹ کے بعد مولانا نے رخ بدلا اور بائیں رخ پر ذرا گھوم گئے، تو سارا مجمع زیروزبر، مولانا کو سامنے سے دیکھ کر سننے کے لیے مجمع اِدھر سے اُدھر ہوگیا —— مولانا اس سحر انگیز خطابت کے مالک تھے!

مگر مولانا ''بھیڑ'' میں تنہا انسان تھے، بے حد شریف النفس، پر اعتماد، دوسروں کی انسانیت اور شرافت پر اعتماد کرنے والے، انہوں نے کبھی اپنا گروپ نہیں بنایا، وہ سب کو اپنا سمجھتے تھے، یہی مولانا کی بڑی طاقت تھی، اور یہی سب سے بڑی کمزوری! جس وقت پنڈت جواہر لال نہرو خاموش ہوگئے، اور گاندھی جی نے پاکستان بننا قبول کرلیا، مولانا کو اپنی کمزوری اور تنہائی کا پورا احساس ہوا ہوگا، مولانا کی نگاہوں کے سامنے خیالوں کا ''تاج محل'' بکھر چکا تھا —— مجھے ایسا لگتا ہے کہ ۹/۱۱ میں امریکن ٹریڈ ٹاور کو پگھلتے، بکھرتے اور گرتے دیکھ کر معصوم اور بے خبر امریکیوں پر جو بیتی ہوگی، وہی حال ''فیصلہ تقسیم وطن'' پر مولانا کا ہوا ہوگا، اور جس طرح امریکی شیاطین اس حادثہ اور اپنی سازش پر مطمئن رہے، آزادی وطن کے وقت بھارت کے ''شریف لوگ'' مطمئن رہے ہوں گے —— اور تقسیم وطن کے ساتھ ملنے والی آزادی اور انسانی خون کی ارزانی نے کس دوہری بے چارگی میں مولانا کو مبتلا کردیا ہوگا؟ —— اب بھی ذرا سوچ لیجیے۔

میرا یہ بھی احساس ہے کہ جداگانہ طریق انتخاب کے موقعہ پر مولانا آزادؒ کا جو ذہن تھا، اور جمعیۃ علماء ہند کی جیسی پالیسی تھی، اس کے مطابق ان کے ہمنواؤں نے پوری توانائی کانگریس کو ووٹ ڈلوانے پر لگادی، پھر بھی ناکامی حصہ میں آئی، اور نتیجہ میں مسلم لیگ مسلمانوں کی نمائندہ جماعت قرار پائی، اگر جمعیۃ علماء ہند حضرت مولانا ابو المحاسن محمد سجادؒ، حضرت مولانا عبدالصمد رحمانیؒ، حضرت مولانا سید منت اللہ رحمانیؒ کی راہ پر چلی ہوتی، اور کانگریس کی جگہ اپنے لیے ووٹ مانگا ہوتا، تو عام مسلمانوں میں اس حلقہ کی یہ تصویر بنتی کہ یہ لوگ اپنی سیاست کرنے والے ہیں اور اقتدار میں ساجھے داری کی سیاست کررہے ہیں، اس طرح نہ مسلم لیگ کے ورکرس کو زیادہ کہنے کا موقعہ ملتا اور نہ ہمارے بزرگوں کا حلقہ سکڑتا؛ بلکہ شاید خود کانگریس کی سیاست بھی بدل جاتی، اور ملک کا نقشہ دوسرا ہوتا۔

لوگ بھول گئے کہ حضرت مولانا ابوالمحاسن محمد سجادؒ نے ۱۹۳۷ء میں مسلم انڈی پنڈنٹ پارٹی بنائی، اور الیکشن میں حصہ لیا، تو کانگریس کے بعد بہار کی سب سے بڑی سیاسی پارٹی ثابت ہوئی، اور صورتحال ایسی بنی

کہ اس نے حکومت بھی بنالی، لوگ یہ بھی بھول گئے، کہ جس بھاگلپور میں حضرت شیخ الاسلام مولانا حسین احمد مدنی رحمۃ اللہ علیہ کی دستار کو سر سے کھینچ کر پیروں تلے روند دیا گیا، سال بھر بعد جب اسی حلقہ انتخاب سے اسمبلی الیکشن میں مسلم لیگ کے بڑے لیڈر علاء الدین صاحب ایڈوکیٹ کھڑے ہوئے، تو حضرت مولانا سجادؒ کے دست راست اور حضرت مدنی کے شاگرد رشید حضرت مولانا منت اللہ رحمانی رحمۃ اللہ علیہ کے مقابلہ میں نہ صرف الیکشن ہار گئے، بلکہ جناب علاء الدین صاحب کی ضمانت ضبط ہوگئی، اور مسلم لیگ کو صوبہ بہار میں زبردست شکست سے دوچار ہونا پڑا، **حضرت مولانا سجادؒ اور ان کے رفقاء نے بروقت ایک سیاسی فیصلہ کیا، انہوں نے کانگریس اور مسلم لیگ دونوں کو سبق سکھایا، اسی سیاسی فیصلہ پر پورے شمالی ہندوستان میں عمل کیا جاتا، تو آج ہندوستان کا مسلمان حسرت اور حیرت کے ساحل پر زندگی نہیں تلاش کرتا۔**

سیاست میں رواداری کچھ ہی دور تک چلا کرتی ہے، چانکیہ سے لے کر میکاویلی تک اور رانا سانگا سے لے کر شیواجی تک کا یہی سبق رہا ہے، اور یہی طریقہ سکہ رائج الوقت بنا ہوا ہے — غیر مسلم لیگی مسلمانوں نے رواداری کی حد کردی اور ٹھیٹھ مذہبی روایت پسندی کی راہ اپنائی، جس کے نتیجہ میں سیاسی فیصلہ اور بروقت اقدام کا طریقہ نہیں اپنایا گیا، مشکل حالات میں نئی راہ بنا لینے کی تکنک بھی دھری کی دھری رہ گئی، ٹھٹھک ٹھٹھک کر ساتھ ساتھ چلتے رہے، رواداری، شرافت اور روایت کی پوری پاسداری کیجاتی رہی، اور یہ حقیقت بھی نظر انداز ہوگئی کہ ریل اور جیل کی دوستی کو جب اقتدار کی حرارت سے واسطہ پڑتا ہے، تو دوستی بھاپ بن کر اڑ جاتی ہے، اور ہماری سرزمین نے یہ بھی سکھایا کہ اقتدار کی ہانڈی استحصال اور استعمال کے چولھے پر کھدکتی ہے!

میرا احساس ہے کہ مولانا کے وجود کا جو تحفہ دربار الٰہی سے ملا تھا، اور ایک بے مثال ہمہ جہت عالم دین کی جو شخصیت تھی، وہ آزادی ہند کی تحریک پر قربان ہوگئی، اور اتنی بڑی قربانی کے بعد ملک کو جو لیڈر ملا، اس نے فقر و فاقہ کی زندگی گذاری، قوم نے کبھی نہیں سونچا کہ اتنے بڑے لیڈر کی بھی کچھ بنیادی ضرورتیں ہوتی ہیں، جو اسکے قد و قامت کے لحاظ سے ہوتی ہیں، — اس عظیم لیڈر کی بات نہ کانگریس کے لیڈروں نے مانی اور نہ عام طور پر مسلمانوں نے — میں ایسا مانتا ہوں کہ آزادی کے فوراً بعد کے پر آشوب حالات میں امام الہند مولانا ابوالکلام آزادؒ کا آخری خطاب جامع مسجد کی سیڑھیوں سے ہوا، اور اس تاریخی خطاب کے بعد، میں یہ تو نہیں کہہ سکتا کہ مولانا کا انتقال ہوگیا۔ مگر اتنا کہہ سکتا ہوں کہ امام الہند مولانا ابوالکلام آزادؒ جس صفحہ پر لکھا تھا، وہ پلٹ گیا، اب دوسرا صفحہ سامنے تھا مولانا ابوالکلام آزادؒ — وزیر تعلیم حکومتِ ہند!

☆☆☆

مولانا محمد زین العابدین قاسمی ✿

مساجد کے طہارت خانے
اور
ہماری ذمہ داریاں

[پاکی اور صفائی اسلام کی بنیادی ہدایت ہے اور اس کے لئے ہمارے دین میں مکمل رہنمائی کا سامان موجود ہے، زیر نظر مضمون میں اس رہنمائی پر بھی روشنی ڈالی گئی ہے اور ہماری مساجد میں اس سلسلے میں جو خامیاں پائی جاتی ہیں ان کی نشاندہی بھی کی گئی ہے، فاضل مضمون نگار مولانا زین العابدین قاسمی نے بیان کی گئی باتوں کے سلسلہ میں احادیث شریفہ اور اہل علم کی عبارتوں سے دلیل پیش کی ہے، خامیوں کی اصلاح کیلئے انہوں نے جو مفید مشورے دیئے ہیں وہ خصوصی توجہ کے مستحق ہیں مساجد کے متولی اور ٹرسٹی حضرات سے گزارش ہے کہ وہ اس مضمون کو پوری توجہ سے پڑھیں اور خامیوں کی اصلاح کی بھرپور کوشش کریں ——— محمد عمرین محفوظ رحمانی]

مسجدیں حیات اسلامی کا مرکز ہیں، جو مسلم معاشرے میں دینی روح کو فروغ دینے اور ان میں ملی وجود کا شعور بیدار کرنے اور ان کے شیرازے کو بکھرنے سے بچانے کا اصل ذریعہ ہیں۔ اسی حقیقت کو سامنے رکھتے ہوئے مسلمان دنیا کے ہر خطے میں عالم اسلامی وغیر اسلامی کی تمیز کے بغیر مساجد کی تعمیر میں دوسرے نیک کاموں کی بہ نسبت بڑے زور وشور سے حصہ لینا باعث فخر سمجھتے ہیں اور اللہ کے گھر کی تعمیر میں حصہ لینا باعث فخر وسعادت ہے بھی، اس لئے دامے، درمے ہر طرح سے اس کی تعمیر وتزیین پر خرچ کرتے ہیں اور حسب ضرورت مساجد تعمیر ہوتی رہتی ہیں۔ تاہم مساجد کی تعمیر میں جو حصہ سب سے زیادہ نظر انداز ہوتا ہوا محسوس ہوتا ہے وہ مساجد کے طہارت خانے ہیں جو ہماری توجہ کے زیادہ مستحق ہیں۔

✿ ناظر معہد الامام ولی اللہ الدہلوی للدراسات الاسلامیہ، محمد اپور، نیرل

صفائی

چند مساجد کو چھوڑ کر اکثر مساجد کے طہارت خانوں کا حال صفائی و نظافت کے اعتبار سے بڑا ہی دگر گوں ہے، بدبو اور گندگی اس قدر ہوتی ہے کہ آدمی بمشکل تمام اپنی ضرورت پوری کر سکتا ہے۔ مسجد کا یہ ایک ایسا حصہ ہے جو ہماری توجہ کا طالب ہے، مسجد کی تعمیر، ترقی و تزیین میں تو ہم آگے بڑھ چڑھ کر حصہ لیتے ہیں مگر بیت الخلاء و طہارت خانے ایسا محسوس ہوتا ہے کہ غیر شعوری طور پر نظر انداز ہو جاتے ہیں، جہاں صفائی کی سب سے زیادہ ضرورت ہوتی ہے اس لحاظ سے وہیں سب سے کم توجہ دی جاتی ہے۔ خاص طور پر طہارت خانوں کے لوٹے بہت زیادہ میلے ہوتے ہیں اور صفائی نہ ہونے کی وجہ سے ان کے اندر کائی اچھی خاصی جمع ہو جاتی ہے اور بعض تو جگہ جگہ سے ٹوٹے بھی ہوتے ہیں، ان لوٹوں کو دیکھ کر ایسا لگتا ہے کہ یہ کوئی بیش قیمت اثاثہ ہے جو ٹوٹ پھوٹ جانے اور بمشکل قابل استعمال ہونے کے باوجود صرف اس لئے طہارت خانوں کی زینت بنا ہوا ہے کہ آخری سانس تک پرکھوں کے اس قیمتی اثاثہ کی حفاظت ہو سکے۔

بہت سی مساجد میں صفائی کے لئے ایک آدھ شخص موجود رہتا ہے، کہیں خود مؤذن صاحب ہی اس خدمت پر مامور ہوتے ہیں، مگر ان سب کے باوجود جس طرح کی صفائی ہونی چاہئے وہ نہیں ہو پاتی اس کی وجہ یہ ہو سکتی ہے کہ جو لوگ مسجد کی عمومی صفائی پر مامور ہوتے ہیں وہ اندرونِ مسجد کو تو خصوصیت کے ساتھ صاف کر لیتے ہیں مگر طہارت خانوں کا حصہ، ان کی توجہ اپنی طرف مبذول نہیں کرا پاتا ہے۔ بہت سے ہم جیسے مصلی، مسجد کے متولی یا کمیٹی کی لاپرواہی کا رونا رو کر اپنا دامن جھاڑ لیتے ہیں، جبکہ مسجد کی صفائی صرف انہیں حضرات کی ذمہ داری نہیں ہے بلکہ ہر اس مصلی کی ذمہ داری ہے جو عام طور پر اس میں نماز پنجگانہ ادا کرتا ہے۔ مسجدیں اللہ کا گھر ہیں، جو اللہ کے گھر کو پاک و صاف رکھے گا تو شہنشاہوں کا شہنشاہ اپنے گھر کی صفائی اور پاکیزگی کا خیال رکھنے والے کو کیوں کر نظر انداز کر سکتا ہے۔ اس کے علاوہ جب مسجدیں اللہ کا گھر ہیں تو وہاں آنے والے اللہ کے مہمان "ضیوف الرحمٰن" ہوتے ہیں۔ عمرو بن میمون فرماتے ہیں کہ ادرکنا اصحاب النبی ﷺ وھم یقولون: ان المساجد بیوت اللہ فی الارض، وانہ لحق علی اللہ ان یکرم من زارہ فیھا "[1] ہم نے نبیؐ کے صحابہؓ کو یہ کہتے ہوئے پایا کہ مسجدیں زمین میں اللہ کا گھر ہیں اور اللہ نے اپنے اوپر لازم کیا ہے کہ وہ اس شخص کا اکرام کرے جو اس کے گھر میں آئے گا" تو اگر ہم اپنے وقت کا کچھ حصہ مسجد کی صفائی کے لئے نکالیں تو اللہ کی ذات سے امید ہے کہ وہ اپنے گھر کی صفائی کرنے والوں، اور اس کے مہمانوں کے لئے سامان راحت فراہم کرنے والوں کے دلوں کی صفائی کرنے کے ساتھ ساتھ نامہ اعمال سے ان کے گناہوں کو بھی صاف فرما دے گا۔

---

[1] شعب الایمان، ابوبکر بیہقی، باب فضل المشی إلی المسجد۔ حدیث نمبر: ۲۶۸۲ (مکتبہ الرشد ریاض) ج ۴ ص ۳۵۴۔

ستر پوشی

اسلام نے ستر پوشی اور پردہ کے مسئلہ کو خاص اہمیت دی ہے؛ کیوں کہ انسان کی یہ ایسی خصوصیت ہے جو اسے حیوانوں سے ممتاز کرتی ہے، یہی وجہ ہے کہ اسلام نے جس طرح زندگی کے اور شعبوں کی رہنمائی کی ہے، اسی طرح اس باب میں بھی خاص ہدایات دی ہیں، یہاں پر ہم ستر پوشی اور پردے سے متعلق دئے گئے تمام احکام و ہدایات پر گفتگو نہیں کریں گے بلکہ صرف ان ضروری امور پر روشنی ڈالیں گے جو ستر پوشی اور پردے کے تئیں طہارت واستنجاء کے باب میں مذکور ہیں اور ہم سے سرزد ہونے والی کوتاہیوں کو دور کرنے میں مددگار ثابت ہوسکتی ہیں اور جس سے ہمارے سامنے صورت مسئلہ واضح ہوجائے گی اور عمل کرنا سہل ہوگا۔

رفع حاجت اور استنجاء کے دوران ستر پوشی کا مکمل خیال رکھنا ضروری ہے مگر ہماری اکثر مساجد کے طہارت خانے اس انداز سے بنے ہوئے ہوتے ہیں کہ جس سے مکمل طور پر ستر پوشی نہیں ہو پاتی ہے اور بعض حضرات تو بلا جھجک پتلون اتار کر پیچھے انتظار میں کھڑے لوگوں کی موجودگی کو نظر انداز کرتے ہوئے اور بے حیائی و بے شرمی کے ساتھ استنجاء سے فارغ ہوتے ہیں۔ یہ ایک بالکل غیر اسلامی وغیر مہذب اور بے حیائی و بے شرمی والا عمل ہے۔

اس باب میں رسول اللہ ﷺ نے اپنے قول وعمل سے خصوصی ہدایات دی ہیں۔ چنانچہ ابوداؤد نے روایت کیا ہے کہ رسول اللہ ﷺ نے حضرت علی سے فرمایا "**یا علی لا تبرز فخذک ولا تنظرن الی فخذ حیّ ولا میت**" [1] اے علی اپنی ران نہ کھولنا! اور نہ کسی زندہ یا مردہ آدمی کی ران کی طرف نظر کرنا۔ اس حدیث سے پتہ چلتا ہے کہ جسم کے وہ حصہ جن کو شریعت نے چھپانا ضروری قرار دیا ہے (ناف سے لیکر گھٹنوں تک) ان کی طرف نظر کرنا ہم جنسوں (same gender) کے لئے بھی جائز نہیں، حتی کہ مردہ انسان کے بھی ان حصوں پر نظر ڈالنا ناجائز ہے۔ ایک اور حدیث میں حضرت جرید بن خویلد سے آپ نے فرمایا: "**اما علمت ان الفخذ عورۃ**" کیا تمھیں یہ معلوم نہیں ہے کہ ران بھی ستر میں شامل ہے۔ یعنی ران کا کھولنا جائز نہیں۔ خود رسول اللہ ﷺ پردہ اور ستر پوشی کے حوالے سے بہت زیادہ احتیاط فرماتے تھے اور کیوں نہ فرماتے آپ تو شرم وحیاء، عفت و پاکدامنی کے سرتاج تھے، یہی وجہ ہے جب آپ قضائے حاجت کے لئے تشریف لے جاتے تو اپنا کپڑا اس وقت اٹھاتے جب آپ زمین سے بہت زیادہ قریب ہوجاتے۔ حضرت ابن عمر کی روایت ہے کہ "**کان رسول اللہ ﷺ اذا اراد الحاجۃ لا یرفع ثوبہ حتی یدنو من الارض**" [2] اس حدیث سے یہ پتہ چلتا ہے کہ آپ ﷺ رفع حاجت کے وقت ستر پوشی کا پورا خیال فرماتے تھے اور کپڑا اس وقت اٹھاتے جب آپ زمین کے

---

[1] سلیمان بن اشعث سجستانی، باب فی ستر المیت عند غسلہ حدیث نمبر: ۳۱۴۰، (دار ابن حزم) ج ۳، ص ۳۲۷۔

[2] ابوداؤد شریف، باب کیف التکشف عند الحاجۃ حدیث نمبر: ۱۴، ج ۱، ص ۲۲

بالکل قریب ہوجاتے، یہیں پر بس نہیں بلکہ آپؐ جب قضائے حاجت کے لئے جاتے تو آپؐ کی کوشش یہ ہوتی کہ لوگوں کی نگاہوں سے اوجھل ہوجائیں، اس لئے آپؐ دور تک چلے جاتے۔ حضرت مغیرہ بن شعبہ فرماتے ہیں کہ "کنتُ مع النبی صلی اللہ علیہ وآلہ وسلم فی سفر، فاتی النبی حاجته فابعد فی المذهب"[1] میں ایک سفر میں آپؐ کے ساتھ تھا آپؐ قضائے حاجت کے لئے تشریف لے گئے تو آپؐ کافی دور تک نکل گئے تاکہ لوگوں کی نگاہوں سے اوجھل ہوجائیں اور قضائے حاجت کے وقت پردہ بھی ہوسکے اور اطمینان کے ساتھ حاجت بھی پوری ہو۔ ابوداؤد کی ایک روایت میں ہے "عن جابر قال: کان النبی صلی اللہ علیہ وآلہ وسلم اذا اراد البراز انطلق حتی لا یراه أحد"[2] جب آپ قضائے حاجت کے لئے تشریف لے جاتے تو اتنی دور تک نکل جاتے کہ کسی کی نظر آپؐ پر نہ پڑے"۔

ایک اور حدیث میں ہے "انه کان یرتاد لبوله مکانا کما یرتاد منزلا" آپ صلی اللہ علیہ وآلہ وسلم پیشاب کرنے کے لئے مناسب جگہ تلاش کیا کرتے جس طرح سفر میں ٹھہرنے کے لئے مناسب جگہ کا انتخاب فرماتے تھے۔ یعنی آپؐ ایسی جگہ منتخب فرماتے تھے جہاں بے پردگی نہ ہو، زمین نرم ہوتا کہ چھینٹیں نہ پڑیں، اور اگر کوئی نرم جگہ نہ ملتی تو آپ صلی اللہ علیہ وآلہ وسلم لکڑی وغیرہ سے کھود کر زمین نرم کرتے پھر پیشاب سے فارغ ہوتے۔ اور رفع حاجت کے لئے آپؐ اس طرح مناسب جگہ تلاش کرتے جس طرح ایک مسافر گرمیوں میں سایہ دار جگہ اور سردیوں میں دھوپ والی جگہ تلاش کرتا ہے۔

آپؐ کا مناسب جگہ کو تلاش کرنا اس بات کی طرف صریح اشارہ کرتا ہے کہ استنجاء اور قضائے حاجت کی جگہ ایسی ہو کہ وہاں بے پردگی نہ ہو اور مکمل ستر پوشی ہوسکتی ہو۔ اس عمل سے یہ معلوم ہوتا ہے کہ اسلام کس قدر انسانوں میں حیا اور ستر پوشی کو پروان چڑھانا چاہتا ہے تاکہ معاشرے میں بے حیائی و بے شرمی کو بالکل فروغ نہ ملے اور یہ بات اٹل ہے کہ ہر انسان میں اللہ نے شرم و حیا کا مادہ رکھا ہے جو ایک فطری اور بنیادی وصف ہے، حیاء کا مطلب صرف یہ نہیں کہ آدمی شرمناک باتیں اور شرمناک کام کرنے سے بچے بلکہ بقول حضرت مولانا محمد منظور نعمانیؒ :

> "قرآن مجید کے استعمالات پر غور کرنے سے معلوم ہوتا ہے کہ حیاء طبیعت انسانی کی اس کیفیت کا نام ہے کہ ہر نامناسب بات اور ہر ناپسندیدہ کام سے اس کو انقباض اور اس کے ارتکاب سے اذیت ہو"۔[3]

اس قسم کے تمام احکامات اور ہدایات سے اسلام یہ چاہتا ہے کہ انسان کی سیرت سازی ہو، اس

---

[1] ترمذی شریف، ابوعیسیٰ محمد بن عیسیٰ ترمذی حدیث نمبر: ۲۰ (مکتبہ مصطفی بابی حلبی مصر) ج ا ص ۳۲۔
[2] ابوداؤد شریف، باب التخلي عند قضاء الحاجة حدیث نمبر: ۲، ج ا ص ۱۷
[3] معارف الحدیث، (الفرقان بکڈپو لکھنو) ج ۲، ص ۲۸۶۔

کے اندر کا جو شہوانی اور حیوانی جذبہ ہے اس پر بند لگے اور وہ اپنے حدود میں رہے اور بے شرمی و بے حیائی سے معاشرہ محفوظ رہے۔اس لئے ضرورت اس بات کی ہے کہ اس سلسلہ میں شریعت نے جو اصول و آداب بتائے ہیں ان پر سختی سے عمل کیا جائے تا کہ ایک غیر اسلامی و غیر مہذب عمل کی ہمارے معاشرے میں طرح نہ پڑے جس کی شریعت اسلامی اجازت دیتی اور نہ عقل اس کو جائز سمجھتی ہے۔

ایک اور بات طہارت خانوں کے حوالے سے یہاں برمحل معلوم ہوتی ہے، وہ یہ کہ ہماری مساجد کے طہارت خانوں میں انتظار کرنے کا جو طریقہ ہے وہ بھی قابل اصلاح ہے، کیوں کہ انتظار کرنے والے حضرات بالکل سر پر سوار رہتے ہیں، اور طہارت خانوں میں دروازے نہ ہونے کی وجہ سے بے پردگی کا خطرہ رہتا ہے اور فارغ ہونے والے انسان پر بھی پیچھے کھڑے منتظر افراد کا دباؤ رہتا ہے جس کی وجہ سے وہ آرام سے فارغ بھی نہیں ہو پاتا۔لہٰذا ایسی ترکیب اور طریقے اختیار کئے جانے کی ضرورت ہے جس سے اس حوالے سے احتیاط برتی جاسکتی ہو، مثلاً لائن کی شکل میں طہارت خانوں میں بالکل سر پر سوار ہو کر نہ ٹھہرا جائے بلکہ منتظرین باہر کھڑے ہوں، اور اس طرح کی کوئی شکل نکالی جاسکتی ہے جو مسجد کی ضرورت و وسعت کے لحاظ سے مناسب ہو۔

کھڑے ہوکر پیشاب کرنا۔

یہاں ایک اور ضروری امر کی طرف توجہ مبذول کرانا بے محل نہ ہوگا وہ یہ کہ مساجد کے طہارت خانوں میں جب ہم فارغ ہونے جاتے ہیں، تو وہاں کی ہر چیز، نل، لوٹے سے لے کر اس کی دیواریں تک مشکوک نظر آتی ہیں، وہ اس خیال سے کہ کہیں کوئی صاحب طہارت خانہ کی تنگی کی وجہ سے یا تقلید فرنگی میں یا پھر آداب طہارت واستنجاء سے ناواقفیت کے سبب کھڑے کھڑے ہی شغل نہ فرما گئے ہوں، جب کہ شریعت اسلامیہ نے اس سلسلہ میں واضح احکامات دیئے ہیں، کھڑے ہو کر پیشاب کرنے کی ممانعت احادیث نبویہ میں خصوصی طور پر وارد ہوئی ہے۔حضرت عبداللہ بن مسعودؓ روایت کرتے ہیں کہ رسول ﷺ نے فرمایا "ان من الجفاء ان تبول و انت قائم" [1] کھڑے ہو کر پیشاب کرنا گنوار پن کی دلیل ہے۔اور خود آپ ﷺ کا معمول بیٹھ کر پیشاب کرنے کا تھا۔حضرت عائشہؓ فرماتی ہیں کہ "من حدثکم ان النبی کان یبول قائما فلا تصدقوہ، ما کان یبول الا قاعدا" [2] آپؐ بیٹھ کر پیشاب کیا کرتے تھے ،اگر کوئی کہے کہ آپؐ کھڑے ہو کر پیشاب کیا کرتے تھے تو اس کی تصدیق نہ کرو۔ ہاں اگر کسی کو عذر ہے تو پھر کھڑے ہو کر پیشاب کرنا مکروہ نہیں ہے، خود آپؐ نے بھی ایک موقع پر گھٹنوں کی تکلیف کی وجہ سے کھڑے ہو کر پیشاب کیا تھا "اتی النبی سباطة قوم فبال قائما" (صحیح البخاری ۱۔۷۴ ۳) مزید یہ کہ کھڑے ہو کر پیشاب کرنے سے

---

[1] سنن ترمذی، باب النهي عن البول قائما، حدیث نمبر ۱۲ ج ۱ ص ۱۷۔ [2] ایضاً

چھینٹوں کے اڑنے کا بہت اندیشہ ہوتا ہے، اور حدیث میں پیشاب سے بچنے کی بہت تاکید آئی ہے۔ حضرت ابن عباس روایت کرتے ہیں کہ رسول صلی اللہ علیہ وآلہ وسلم نے ارشاد فرمایا "إن عامة عذاب القبر من البول فتنزهوا عنه" [۱]۔ قبر کا عام عذاب پیشاب کی وجہ سے ہوتا ہے لہذا پیشاب سے بچو۔ ایک اور حدیث میں ہے کہ آپ کا ایک مرتبہ دو قبروں پر گزر ہوا تو آپ نے فرمایا ان دونوں قبر والوں کو عذاب ہو رہا ہے اور یہ عذاب کسی ایسی چیز کی وجہ سے نہیں ہو رہا ہے جس سے بچنا مشکل تھا، بلکہ بآسانی اس سے بچا جا سکتا تھا" اما هذا فكان لا يستتر من بوله، اما هذا فكان يمشي بالنميمة" ان میں سے ایک پیشاب سے نہیں بچتا تھا اور دوسرا چغل خوری کرتا تھا۔ (ترمذی۔ باب التشدید فی البول)

اور ماقبل میں ذکر کی گئی حدیث جس میں یہ بات گزر چکی ہے" آپ صلی اللہ علیہ وآلہ وسلم نرم جگہ تلاش کرتے اور اگر جگہ سخت ہو تو لکڑی یا کسی اور چیز سے اس کو نرم کرتے تاکہ پیشاب کے چھینٹیں کپڑے اور بدن پر اڑنے نہ پائیں۔ یہ احتیاط کا ایک طریقہ آپ صلی اللہ علیہ وآلہ وسلم نے اپنے عمل سے بتلایا، جس سے اس بات کی طرف اشارہ ملتا ہے، کہ ہم جہاں کہیں بھی پیشاب کریں، تو وہاں پر ایسی کوئی تدبیر اختیار کی جائے جس سے کہ پیشاب کے چھینٹوں سے بچنے میں مدد مل سکے، اور کھڑے ہو کر پیشاب کرنے میں یہ احتیاط بالکل نہیں ہو پاتی ہے اور دوسری چیز یہ کہ کھڑے ہو کر پیشاب کرنے کی وجہ سے جو چھینٹیں اڑتی ہیں وہ سارے طہارت خانہ میں پھیلتی ہیں تو کوئی چیز بھی ان کے زد سے محفوظ نہیں رہتی ہے، اور بعد میں دوسرے آنے والے حضرات کے لئے باعثِ تکلیف ہوتی ہے اور ان کے کپڑوں کے نجس ہونے کا باعث بھی بن سکتی ہے، اس لئے ہر طریقہ سے اس عادت اور طبیعت کی ہمت شکنی کی اشد ضرورت ہے۔ علماء وخطباء کے ذریعے اس طرف توجہ دلائی جائے اور طہارت خانوں کے باہر باب الداخلہ اور طہارت خانوں کے اندر کوئی مناسب جگہ پر ہدایات چسپاں کی جائیں تاکہ لوگوں کے اندر اس حوالے سے بیداری اور شعور پیدا ہو۔ [۲]

---

[۱] معجم کبیر، ابوالقاسم سلیمان بن احمد طبرانی، باب مجاهد عن ابن عباس حدیث نمبر ۱۱۱۰۴ (مکتبہ ابن تیمیہ قاہرہ) ج ۱۱، ص ۷۹۔

[۲] "چغل خوری اور پیشاب سے احتیاط نہ کرنے والوں کو آخرت کے بجائے برزخ (قبر) میں عذاب دئے جانے کی حکمت پر حافظ ابن حجرؒ نے اس انداز میں روشنی ڈالی ہے کہ ابدی بعضهم للجمع بين هاتين الخصلتين مناسبة وهي ان البرزخ مقدمة للآخرة واول مايقتضى به يوم القيامة من حقوق الله تعالى الصلوة ومن حقوق العباد الدماء بالنميمة ينشر الفتن التي بسببها الدماء" عالم برزخ عالم آخرت کا مقدمہ ہے جو کہ آخرت کی پہلی منزل ہے۔ اور آخرت میں حقوق اللہ میں سب سے پہلے نماز کا اور حقوق العباد میں کسی کا ناحق خون بہانے کا حساب ہوگا، اور پاکی کا حصول نماز کی کنجی ہے (مفتاح الصلوۃ الطهور) اور پاکی کے بغیر نماز نہیں ہوتی تو تطہیر نماز کا مقدمہ ہے۔ اور ناحق خون بہانے کا سبب عام طور پر لوگوں کے درمیان چغلی اور غیبت ہوتا ہے (تو غیبت اور چغل خوری ناحق خون بہانے کا مقدمہ) اس مناسبت سے قبر (عالم برزخ) میں دونوں چیزوں سے نہ بچنے پر عذاب ہوتا ہے، (فتح الباری، ابن حجرؒ، (بیروت دار المعرفہ)، ۱۰/ ۴۷۲) فتاوی رحیمیہ، مفتی عبد الرحیم لاجپوری، (دار الاشاعت کراچی)، ج 1، ص ۵۸)۔

استبراء

طہارت خانوں کی صفائی کی جب ہم بات کر رہے ہیں تو کپڑے اور جسم کی طہارت کے حوالے سے ایک بہت ہی ضروری مسئلہ کی طرف یہاں اشارہ کرنا مقصود ہے جس کو عام طور پر لوگ نظر انداز کرتے ہیں، جس سے نہ ان کا وضو درست ہوتا ہے اور نہ ان کی نماز، نا معلوم کتنے ایسے لوگ ہیں جنہیں اس مسئلہ کا علم نہ ہونے کی وجہ سے اپنی نمازوں کو ادا کرنے کے باوجود طہارت و پاکیزگی کے معیار پر پوری نہ اترنے کی بناء پر ان کی نمازیں عنداللہ غیر مقبول ہوجاتی ہوں گی۔

اور وہ مسئلہ یہ ہے کہ بہت سے لوگ پیشاب کرنے کے بعد فوراً پانی استعمال کر کے اٹھ جاتے ہیں فراغت کے بعد کچھ دیر انتظار نہیں کرتے تاکہ پیشاب کی نالی میں جو قطرات اکثر و بیشتر رکے رہتے ہیں، ان کا خروج ہوجائے، جو کچھ دیر بعد کھانسنے یا پیروں کو حرکت دینے یا کچھ قدم چلنے سے نکل آتے ہیں، جس سے کپڑے ناپاک ہوجاتے ہیں، اگر وضو کرلیا ہو تو وہ بھی ٹوٹ جاتا ہے اور نماز نہیں ہوتی۔ اس مسئلہ کو شریعت کی اصطلاح میں "الاستبراء من البول" کہتے ہیں جسکا مطلب یہ ہے کہ استنجاء کے وقت پیشاب کے جو قطرات نالی میں رکے ہوئے محسوس ہوتے ہیں، ان کے نکالنے کی تدبیر کرنے کو "الاستبراء" کہتے ہیں، ضروری نہیں ہے کہ ہر انسان کو یہ حالت پیش آتی ہو کیونکہ یہ چیز مزاج اور طبیعت کے لحاظ سے مختلف ہوتی ہے [1] اسی طرح نالی میں رکے ہوئے قطرات کو نکالنے کا طریقہ ہر آدمی کے اپنے مزاج اور تجربہ کے لحاظ سے مختلف ہوسکتا ہے؛ مثلاً کھانسنا، کھنکھارنا، چند قدم چلنا، ایک پاؤں کا دوسرے پاؤں پر رکھنا تاکہ نالی پر دباؤ پڑے، جس سے قطرات باہر نکل آئیں کھنکھارنے اور کھانسنے سے قطرات کے نکلنے کا سبب علماء نے یہ بیان کیا ہے کہ "لأن **العروق ممتدة من الحلق الى الذكر و بالتنحنح تتحرك، وتقذف ما في مجرى البول** [2] رگوں کا تعلق حلق سے لیکر ذکر (عضو تناسل) تک جڑا ہوا ہوتا ہے، کھانسنے سے ان پر دباؤ پڑتا ہے جس سے پیشاب کی نالی میں رُکے ہوئے قطروں کے نکلنے میں مدد ملتی ہے، یہ اور اس طرح کی کچھ اور صورتیں اختیار کی جاسکتی ہیں تاکہ مقصود کا حصول یعنی قطرات کا خروج ہوسکے۔

فقہاء نے استبراء کے مسئلہ پر جو زور دیا ہے اس کی وجہ یہ ہے کہ اگر کسی انسان کو قطرہ آگیا تو اس کا کپڑا ناپاک ہوجائے گا اور اگر وضو کرلیا تو وہ بھی جاتا رہتا ہے۔ فتاویٰ عثمانی میں پیشاب کے قطرے سکھانے

---

[1] قاموس الفقہ، مولانا خالد سیف اللہ رحمانی، (مکتبہ نعیمیہ دیوبند) ج ۲، ص ۸۸۔

[2] حاشیہ ابن عابدین، محمد امین بن عمر دمشقی، فروع فی الاستبرا، (طباعت ثانی دار الفکر بیروت) ج ا ص ۳۴۵۔

کے بعد قطروں کے نکل جانے کی وجہ سے وضو اور کپڑے کی پاکی وناپاکی کے متعلق پوچھے گئے سوال کے جواب میں، حضرت مولانا تقی عثمانی صاحب دامت برکاتہم رقم طراز ہیں:

"صورتِ مسئولہ میں جب قطرہ آئے تو کپڑا پاک کر کے وضو دوبارہ کیا جائے" [1]

فتاویٰ محمودیہ میں اسی طرح کے سوال کے جواب میں حضرت مفتی محمود صاحبؒ لکھتے ہیں:

"اگر یہ شخص معذور نہیں ہے تو قطرہ آنے سے وضو اور نماز دونوں ٹوٹ جائیں گے، جب قطرہ آئے (نماز میں) تو فوراً نیت توڑ دے اور یہ اس وقت ہے کہ قطرہ کا آنا یقین سے معلوم ہو جائے اور محض شبہ سے کچھ نہیں ہوتا، نہ نماز ٹوٹتی ہے نہ وضو، اور شبہ کا علاج یہ ہے کہ وضو کے بعد رومالی پر پانی کا چھینٹا دے لیا کریں، لیکن اتنا خیال رہے کہ اگر قطرہ آیا تو نماز اور وضو ٹوٹنے کے علاوہ رومالی بھی ناپاک ہو جائے گی" [2]

مذکورہ بالا دو فتوؤں سے پتہ چلتا ہے کہ قطرے کے آنے کی وجہ سے کپڑا ناپاک ہو جائے گا اور وضو بھی ٹوٹ جائے گا حتی کہ نماز کی حالت میں ہو تو نماز ٹوٹ جائے گی، اگر قطرے کا آنا یقینی ہو مسئلہ کی نزاکت کو دیکھتے ہوئے بعض حضرات نے استبراء کو واجب قرار دیا ہے اور بعض نے فرض، **و بعضهم عبّر بأنه فرض** [3] بعض فقہاء تو وضو شروع کرنے کی بھی اجازت نہیں دیتے یہاں تک کہ اس شخص کو قطروں کے نکلنے کا مکمل اطمنان ہو جائے **"فلا يصح له الشروع في الوضوء حتى يطمأن"** [4] مگر یہ حکم ان حضرات کے لئے ہے جنہیں پیشاب رکا ہو محسوس ہوتا ہو، ورنہ قطرات کے نکل جانے کا مکمل اطمینان ہو تو پھر استبراء مستحب ہوگا **"وعليه فهو مندوب۔۔۔و محله اذا أمن خروج شئي بعده۔"** [5]

استبراء بول کے حوالے سے یہاں پر ایک ضروری بات کی طرف توجہ دلانا مقصود ہے وہ یہ کہ اوپر استبراء کے متعلق جو حکم بیان کیا گیا ہے وہ ان لوگوں کے لئے ہے جنہیں قطرات کا آنا ضعف مثانہ کی وجہ سے نہ ہو کیونکہ جن حضرات کو ضعفِ مثانہ کی وجہ سے قطرات آتے ہیں ان حضرات کے لئے کھانسنا، قدم پر قدم رکھنا، یا پیشاب کی نالی کو سونتنا، سب بے سود ہے، ان حضرات کو تو پیشاب کی فراغت کے بعد بھی کافی دیر تک قطروں کے آنے کی شکایت رہتی ہے جو علاج معالجے سے دور ہو سکتی ہے، احسن الفتاوی میں مفتی عبد الرشید صاحبؒ رقمطراز ہیں:

"استبراء کے معہود طریقے کی علت ضعف مثانہ نہیں ہے...... ضعف مثانہ کی وجہ سے جو عارضہ لاحق ہوتا ہے اس کا اثر یہ ہوتا ہے کہ (عام حالت میں بھی) کھانسنے، چھینکنے، اور کودنے وغیرہ سے قطرہ خارج ہوتا ہے اور جسے یہ مرض لاحق ہوتا ہے

---

[1] (مکتبہ معارف القرآن کراچی)، اج 1 ص ۳۳۳۔

[2] (فتاویٰ محمودیہ ج ۵ ص ۲۲۰)

[3] حاشیہ ابن عابدین، جلد ا ص ۲۴۴۔

[4] حاشیہ ابن عابدین، جلد ا ص ۳۴۴۔

[5] حاشیہ ابن عابدین، جلد ا ص ۳۴۴۔

اسے استبراء کا مذکورہ معہود طریقہ بھی کوئی فائدہ نہیں دیتا، پیشاب کے بعد رطوبت نظر آنے کا باعث ضعف مثانہ نہیں بلکہ پیشاب کی نالی کا طول اور اس میں پیچ وخم اسکا باعث بنتے ہیں"،(۲/ ۱۰۴)۔

استبراء کے متعلق مذکورہ بالا بنیادی فرق کو جاننے کے لئے ہم نے چھوٹے پیمانے پر ایک سروے (survey) کیا ہے جسمیں ہم نے تقریباً ۱۳۰ افراد سے ان کے تجربات کے بارے میں دریافت کیا؛ جن کی عمریں تقریباً ۲۳ سال سے ۳۵ سال کے درمیان تھیں، ان حضرات کے جوابات کے خلاصہ کو ہم تین حصوں میں تقسیم کرتے ہیں:

(۱) استبراء کے عمل سے بالکل ناواقف تھے، جب انھیں اس مسئلہ کے متعلق بتلایا گیا تو ان میں سے بعض حضرات نے ایک اور بعض نے دودن کے تجربے کے بعد یہ بات بتائی کہ ہمیں استبراء کی ضرورت پڑتی ہے اور قطرے فراغت کے بعد ظاہر ہوتے ہیں۔

(۲) وہ حضرات جو استبراء کے عمل سے واقف تھے مگر استبراء ان کے لئے ناکافی تھا، پیشاب سے فراغت کے بعد انہیں قطرے آتے رہتے ہیں، ۱۵ سے ۳۰ منٹ انہیں انتظار کرنا پڑتا ہے اور یہ حضرات اس کا علاج بھی کروا رہے ہیں۔

(۳) وہ لوگ جو استبراء سے واقف تھے دودن کے تجربے کے بعد ان کا کہنا یہ تھا کہ: پیشاب سے فارغ ہونے کے بعد نالی میں رکے ہوئے قطروں کو نکالنے کے لئے ان میں سے بعض کو چلنا کھانسنا، قدم پر قدم رکھنا یا پیشاب کی رگ کو سونتنا پڑتا ہے تب جا کر انہیں اطمینان ہوتا ہے۔

ہم نے اس مضمون میں جو گفتگو کی ہے وہ پہلی اور تیسری قسم کے حضرات سے متعلق ہے، عام طور پر دیکھا گیا ہے کہ طہارت خانوں میں استنجاء سے فارغ ہونے والے حضرات اکثر و بیشتر استبراء نہیں کرتے، پیشاب کرنے کے بعد پانی کا استعمال کر کے فوراً اٹھ جاتے ہیں۔ تیسری قسم کے حضرات کو جو قطرات اٹکے ہوئے محسوس ہوتے ہیں وہ کسی بیماری کی وجہ سے نہیں ہوتے، در اصل پیشاب کی نالی (urethra) اس کا اصل سبب ہوتی ہے جو نہ صرف لمبی ہوتی ہے بلکہ سیدھی ہونے کے بجائے انگریزی حرف (s) کی طرح ٹیڑھی ہوتی ہے اور مردوں میں یہ نالی (urethra) ۸ انچ (۲۰ سینٹی میٹر) کی ہوتی ہے جس کی وجہ سے پیشاب سے فراغت کے بعد چند قطرے نالی میں رہ جاتے ہیں جو استبراء کے ذریعہ نکل آتے ہیں، جبکہ عورتوں میں ۳ سے ۵ سینٹی میٹر (۱/ تا دو انچ) لمبی نالی ہوتی ہے، اس لئے فقہاء نے عورتوں کے لئے اس حوالے سے جو حکم بیان کیا ہے وہ مردوں سے مختلف ہے وہ یہ ہے کہ" **فانه لا استبراء علیها بل کما فرغت من البول و الغائط تصبر ساعة لطیفة**'' [۱] پیشاب وغیرہ سے فارغ ہونے کے بعد عورت

کچھ دیر انتظار کرے اور پھر پانی سے استنجاء کرے، مردوں کی طرح اسے استبراء کی ضرورت نہیں ہے فقہاء نے مرد اور عورت کے درمیان جو فرق کیا ہے اس سے یہ بات واضح طور پر سمجھ میں آتی ہے کہ ان حضرات کی نظر کتنی گہری تھی، اپنے اجتہادات میں قرآن وسنت کو مضبوطی سے پکڑے رہنے کے ساتھ ساتھ مرد اور عورت کے الگ الگ فطری تقاضوں اور جسمانی وذہنی فرق اور دیگر چیزوں پر بھی گہری نگاہ رکھتے تھے تا کہ امت کو حرج میں مبتلا ہونے سے بچایا جا سکے، مذکورہ مسئلہ اس کی واضح دلیل ہے۔

مذکورہ بالا تفصیل سے یہ بات واضح ہوگئی کہ استبراء بہت ضروری ہے، خاص طور پر ان حضرات کے لئے جنہیں مثانے کی کمزوری کی شکایت ہے اور عمومی طور پر کسی کو یہ شکایت نہ بھی ہو تب بھی جلدی نہ کرے، فارغ ہو کر کچھ دیر انتظار کرے حتیٰ کہ اطمینان قلب حاصل ہو جائے۔ اس کی وجہ یہ ہے کہ طہارت وپاکیزگی کے ذریعہ ہم جہاں اپنی جسمانی نجاست کو دور کرتے ہیں؛ وہیں لطیف روحانی احساسات کو بھی حاصل کرتے ہیں اور بارگاہِ رب العزت میں نماز کے ذریعہ اپنی بندگی وعبودیت کا نذرانہ پیش کرتے ہیں اور جب کوئی نذرانہ پیش کیا جاتا ہے؛ تو اس کے لئے ضروری ہے کہ وہ عمدہ سے عمدہ ہوتا کہ جس کی خدمت میں پیش کیا جا رہا ہے اسے پسند آئے، قیمتی نہ صحیح مگر گندگی سے پاک صاف، ٹوٹا پھوٹا، پھٹا پرانا نہ ہو، اسی طرح جب ہم نماز کا نذرانہ بارگاہِ رب العزت میں پیش کریں تو اس کو بھی اس کے شایانِ شان ہونا چاہئے۔

اس بات کو بڑے عمدہ اسلوب میں امام ابن القیمؒ نے اپنی کتاب ''مدارج السالکین'' میں اس طرح بیان کیا ہے:

> ''الصَّلَاةُ كَجَارِيَةٍ تُهْدَى إِلَى مَلِكٍ مِنَ الْمُلُوكِ، فَمَا الظَّنُّ بِمَنْ يَهْدِي إِلَيْهِ جَارِيَةً شَلَّاءَ، أَوْ عَوْرَاءَ، أَوْ عَمْيَاءَ، أَوْ مَقْطُوعَةَ الْيَدِ وَالرِّجْلِ، أَوْ مَرِيضَةً، أَوْ دَمِيمَةً، أَوْ قَبِيحَةً، حَتَّى يُهْدِيَ إِلَيْهِ جَارِيَةً مَيِّتَةً بِلَا رُوحٍ وَجَارِيَةً قَبِيحَةً. فَكَيْفَ بِالصَّلَاةِ الَّتِي يُهْدِيهَا الْعَبْدُ، وَيَتَقَرَّبُ بِهَا إِلَى رَبِّهِ تَعَالَى؟ وَاللهُ طَيِّبٌ لَا يَقْبَلُ إِلَّا طَيِّبًا، وَلَيْسَ مِنَ الْعَمَلِ الطَّيِّبِ صَلَاةٌ لَا رُوحَ فِيهَا''
>
> نماز کی مثال ایسی ہے جیسے کوئی باندی بطور تحفہ کسی بادشاہ کی خدمت میں پیش کی جا رہی ہے، تو جو شخص بادشاہ کی خدمت میں کوئی مفلوج، کانی یا اندھی باندی پیش کرے گا، یا بیمار، بدشکل بے جان اور ہاتھ پیر کٹی ہوئی باندی لے کر حاضر ہوگا اس کا کیا حال ہوگا؟ ٹھیک یہی حال ہے اس نماز کا جو بندہ اپنے رب کی خدمت میں پیش کرتا ہے، اور اس کے ذریعہ اس کا قرب حاصل کرتا ہے۔ اللہ کی ذات نفیس ہے، وہ نفیس اور بے لوث عمل ہی قبول کرتا ہے"۔

لے Human Anatomy,Martini, Timeous and Tallish(Person education, Inc.P:70

مسجد اللہ کا پاک وصاف گھر ہے، انسان کے لئے ضروری ہے کہ وہ جسمانی وروحانی تمام گندگیوں سے اپنے آپ کو پاک کر کے اس مرکز طہارت وتزکیہ کا رخ کرے تا کہ اس کے انوار اور برکات سے مستفید ہو اور روحانیت کے اعلیٰ مدارج تک پہنچ پائے۔ اس کے لئے شریعت نے مسجد میں داخلے کے لئے بہت ساری شرطیں اور آداب بیان کئے ہیں، انہیں میں سے بدن اور کپڑوں کی پاکی بھی ہے۔ اگر ان میں کوئی نقص رہ جاتا ہے تو پھر نہ وضو صحیح ہوگا اور نہ نماز، اس لئے بہت زیادہ محتاط رہنے کی ضرورت ہے۔ کئی مرتبہ غیر شعوری یا لاعلمی میں ایسی غلطیاں ہم سے ہو جاتی ہیں جن سے نہ ہماری عبادت صحیح ہوتی ہے اور نہ ہم مسجد کے انوار وبرکات سے حقیقی طور پر استفادہ کر سکتے ہیں۔

مختصر یہ کہ مرد کے پیشاب کی نالی (urethra) چونکہ ٹیڑھی ہوتی ہے، پیشاب سے فارغ ہونے کے بعد اس نالی سے پیشاب کو نکالنے کے لئے کوشش کرنی پڑتی ہے۔ جیسے کھانسنا، یا چند قدم چلنا یا اس قسم کی کوئی اور تدبیر کرنی پڑتی ہے، اپنے اِس مضمون میں اس موضوع کا تذکرہ دراصل اس لئے ضروری سمجھا گیا کہ یہ چیز ہمارے مساجد کے موجودہ طہارت خانوں میں بڑی حد تک آسان نہیں ہے، عمر رسیدہ اور بھاری جسم والے حضرات اور خصوصاً چست پتلون پہننے والے بھائیوں کے لئے۔ اور دوسری بات کوئی شخص اگر استبراء کرنا چاہتا ہے تو باہر انتظار میں کھڑی قطار کے لحاظ میں یا لوگوں کے سامنے ایک "عجوبہ" بن جانے کے خوف سے ہمت نہیں کر پاتا۔ اس کی وجہ یہ ہے کہ ہمارے یہاں عام طور پر اس کا رواج نہیں ہے، تو بہت سارے لوگ ناواقفیت کی وجہ سے مذاق بنا لیتے ہیں (اگر چہ اس ڈر سے استبراء کو چھوڑنا کوئی عذر نہیں ہے) استبراء کے مسئلہ میں بنگلہ دیش، بنگال اور آسام کے لوگ بڑے حساس اور دلیر واقع ہوئے ہیں وہ چاہے دنیا کے کسی ملک میں رہیں، طہارت خانے چاہے کتنے تنگ رہیں، وہ استبراء ضرور کرتے ہیں اگر یہ کہا جائے کہ یہ حضرات **"فيه رجال يحبون أن يتطهروا والله يحب المطهرين"** کے اس زمانہ میں مصداق ہیں تو بے جا نہ ہوگا۔

اسی لئے عرض یہ ہے کہ طہارت خانوں کی بناوٹ اور صفائی پر توجہ بہت ضروری ہے۔ اس حوالے سے ایک مشورہ یہ ہے کہ موجودہ طرز کے طہارت خانوں کے استعمال کو بالکلیہ ترک کیا جائے اور صرف بیت الخلاء ہی بنائیں جائیں جس میں ایک عدد مغربی طرز کا کموڈ بھی لگایا جائے تا کہ معذور حضرات کے لئے آسانی ہو۔ اگر یہ چیز عملی طور پر کسی وجہ سے ممکن نہ ہو تو کم از کم طہارت خانوں کو ذرا وسعت دی جائے اور ان پر قدِ آدم نہ سہی سینے تک اونچائی والے دروازے لگائے جائیں (بعض شہروں کی مساجد میں اس طرح کے طہارت خانے موجود ہیں) تا کہ بے ستری اور بے پردگی نہ ہو اور استبراء بھی آسانی سے ہو سکے۔ مزید یہ کہ طہارت خانے کی نالیوں کو کھلا رکھنے کے بجائے بالکل بند کر دیا جائے تا کہ نالیوں میں جمع ہونے والے

پیشاب کی بدبو سے نجات مل سکے اورنل اورلوٹے کے لئے ایسی جگہ اختیار کی جائے جہاں سے ان تک رسائی بھی آسان ہو،اور وہ پیشاب کے چھینٹوں سے بھی محفوظ رہیں،اور استنجاء کرنے والوں کے کپڑے گیلے بھی نہ ہوتے ہوں۔مزید یہ کہ طہارت خانوں میں جوغیر ضروری چپل پڑی رہتی ہے ان کی جگہ بقدرضرورت ،طہارت خانوں کے لئے خاص ،نشان زدہ چپل رکھے جائیں ،جو نہ لکڑی کے بنے ہوئے ہوں اور نہ اتنے چھوٹے اور تنگ ہوں کہ اس میں پیر بمشکل داخل ہو سکے جن کو پہن کر استنجاء کرنا تو دور،دوقدم چلنا بھی پل صراط پر سے گذرنے کی ٹریننگ معلوم ہو اور یہ گمان ہونے لگے کہ شاید مسجد کی کمیٹی نے ،نماز میں کم اور طہارت خانوں میں زیادہ حاضری دینے والوں کی ہمت شکنی کے لئے یہ حکمتِ عملی اختیار کی ہو ۔

☆☆☆

مولانا محمد ابوبکر پورنوی قاسمی ☆

حضرت نانوتویؒ کی دینی حمیت
اور
موجودہ دور میں اس کی ضرورت واہمیت

سورۃ الفتح کی آخری آیت میں اللہ تعالی نے صحابۂ کرام رضوان اللہ علیہم اجمعین کا تعارف کراتے ہوئے سب سے پہلے ان کی جس صفت کا تذکرہ کیا ہے وہ ہے ان کی دینی حمیت اور اسلامی غیرت ﴿وَالَّذِينَ مَعَهُ أَشِدَّاءُ عَلَى الْكُفَّارِ﴾ (الفتح:۲۹) "اور محمد صلی اللہ علیہ وسلم کے صحابہ کفار کے تئیں بڑے سخت ہیں" یعنی دین وایمان کے خلاف اٹھنے والے طوفانوں اور اس پر حملہ آور فتنوں کے مقابلے میں آہن وفولاد بن کر کھڑے ہونے کا حوصلہ اور اس کے لیے اپنا سب کچھ لٹا دینے حتی کہ اپنی جان تک قربان کر دینے کا جذبہ رکھتے ہیں۔ ان کا ہر عمل بلکہ زندگی کا ہر لمحہ حتی کہ آخری سانس سب کچھ خدا اور اس کے دین کی خاطر نچھاور تھا ﴿إِنَّ صَلَاتِي وَنُسُكِي وَمَحْيَايَ وَمَمَاتِي لِلَّهِ رَبِّ الْعَالَمِينَ﴾ "میری نماز، میری قربانی، میری زندگی اور میری موت سب اللہ کے لیے ہے جو سارے جہانوں کا پالن ہار ہے" (الانعام:۱۶۳) اسی مفہوم کو علامہ اقبال نے ان الفاظ میں بیان کرنے کی کوشش کی ہے کہ۔

میری زندگی کا مقصد ترے دیں کی سرفرازی   میں اسی لئے مسلماں میں اسی لئے نمازی

صحابۂ کرام رضی اللہ عنہم کی ایمانی حمیت کا اندازہ سیکڑوں آیات واحادیث کے ساتھ ساتھ حضرت ابوبکر رضی اللہ عنہ کے اس تاریخی جملے سے بھی ہوتا ہے، جو انہوں نے "ادارۂ خلافت" کو زکوۃ دینے سے انکار کرنے والوں کے خلاف جہاد کرنے کے حوالے سے ارشاد فرمایا تھا: "أينقص الدين وأنا حي" [1] (یعنی

☆ رفیق شعبۂ تحقیق، معہد الامام ولی اللہ الدھلوی

[1] جامع الاصول فی احادیث الرسول، مصنف: ابوالسعادات ابن الاثیر، ط: اول، مکتبہ دار البیان، رقم: ۶۴۲۶، باب ابوبکر صدیق، ج:۸، ص:۶۰۱۔

میرے جیتے جی دین کے اندر نقص اور کمی آجائے یہ ممکن نہیں)

حضرت صدیق اکبرؓ سے حضرت نانوتویؒ کا نسبی اور روحانی رشتہ

صحابہ رضی اللہ عنہم کی حمیتِ ایمانی کا حصہ ہر دور میں ان کے نقش قدم پر چلنے والوں کو نصیب ہوتا رہا اور وہ بہت کٹھن مرحلوں میں بھی جان کی بازی لگا کر حفاظتِ دین، اشاعتِ دین اور اقامتِ دین کے فرائض انجام دیتے رہے، انہی جانبازوں میں ایک بڑا نام حجۃ الاسلام حضرت مولانا محمد قاسم نانوتوی علیہ الرحمۃ کا بھی ہے، جن کے بارے یہ کہنا مبالغہ نہ ہوگا کہ ان کو نسبی اور روحانی دونوں رشتوں سے حضرت صدیق اکبر رضی اللہ عنہ کی حمیتِ دینی سے وافر حصہ ملا ہوا تھا، جو انھیں ہمیشہ بے تاب و مضطرب رکھتا تھا اور ان کو کبھی چین سے بیٹھنے نہیں دیتا تھا، جس کی گواہی ان کی زندگی کا ہر ورق دیتا ہے۔

چنانچہ یہی وہ حمیتِ ایمانی تھی جس نے انھیں باپ کے اکلوتا بیٹا ہونے کے باوجود ظالم انگریزوں کے خلاف جہاد کے لیے ابھارا اور جن حضرات نے اسباب کی کمی یا امیر نہ ہونے کا حوالہ دیکر جنگ نہ کرنے کی رائے ظاہر کی ان کو جنگ بدر میں قلت اسباب کی یاددہانی کرائی اور حضرت حاجی امداداللہ صاحب علیہ الرحمۃ کے ہاتھ پر بیعت جہاد کر کے مطمئن کیا اور بالآخر شاملی کے میدان کارزار میں ہمت و جوانمردی کے وہ کارہا ئے نمایاں انجام دیے جنھیں تاریخ کبھی فراموش نہیں کرسکتی۔

پھر یہی غیرت اسلامی کبھی انھیں چاندا پور ضلع شاہجہاں پور کے "میلہ خدا شناسی" میں لے جاتی ہے اور بزم مباحثہ میں تمام مذاہب کے ماننے والوں کے سامنے اسلام کی حقانیت اور اس کی برتری ثابت کرواتی ہے تو کبھی ضعف و کمزوری اور علالت و نقاہت کے باوجود رڑکی اور میرٹھ کا سفر کرنے پر مجبور کرتی ہے اور آریہ سماجیوں کے تیز و تند اعتراضات کے دنداں شکن جوابات دلوا کر اسلام کے حوالے سے شکوک وشبہات کا قلع قمع کر وادیتی ہے۔ نیز اسی ایمانی حمیت کی بنا پر حضرت نانوتوی علیہ الرحمۃ نے اصلاح معاشرہ کی کوششوں کے تحت نکاح بیوگان کا احیاء کیا، لڑکیوں کے حق وراثت کی لڑائی لڑی اور شیعیت کے زیر اثر ماتم وتعزیہ داری کی جڑ پکڑی ہوئی رسموں کو اکھاڑ پھینکا اور سب سے بڑھ کر یہ کہ انتہائی نامساعد حالات اور بے سروسامانی کے عالم میں اسلام کی حفاظت وبقاء کے لیے دارالعلوم دیوبند کی بنیاد ڈال کر مدارس اسلامیہ کی تحریک شروع کی۔

حمیت دینی کی بنا پر آپ کے اپنی جان تک قربان کر دینے اور سر کی بازی لگا دینے کے جذبے کا پتہ شاملی کے میدان کارزار کے ساتھ ساتھ مندرجہ ذیل واقعہ سے بھی ہوتا ہے، جس کے راوی حضرت مولانا

قاری محمد طیب صاحب علیہ الرحمۃ ہیں۔

"محل کی مسجد"، جس میں آج کل مولانا حسین احمد صدر دارالعلوم دیو بند پانچوں وقت کی نماز پڑھتے ہیں۔ یہی مسجد دیوان جی (حاجی محمد یٰسین) کے محلہ کی مسجد تھی، تعزیہ اس مسجد میں بھی رکھا جاتا تھا اور محرم میں اسی مسجد سے وہ تعزیہ اٹھتا تھا، اٹھانے والے سنی ہوتے تھے، کچھ شیعہ گھرانے بھی اس جگہ تھے دیوان جی نے سب سے پہلے اپنے محلہ کی اسی مسجد کو تعزیہ کے قصہ سے پاک کرنے کا ارادہ کیا اور اعلان کر دیا کہ اس سال اس مسجد سے تعزیہ نہیں اٹھے گا، یہ کوئی معمولی اعلان نہ تھا، دیو بند کی شیعہ آبادی ہی نہیں بلکہ تعزیہ پرست سنیوں میں بھی اس اعلان سے کھلبلی مچ گئی اور اس محلہ کے شیوخ بگڑ گئے اور کہا کہ سر قلم ہو جائیں گے، مگر تعزیہ اٹھے گا۔ یہ سن کر دیوان جی کی زبان سے بھی بے ساختہ یہ فقرہ نکلا کہ اگر گذرا تو میری لاش پر سے گذرے گا، پھر بتدریج محلہ سے آگے بڑھ کر فتنہ کی آگ سارے قصبے میں پھیل گئی اور شیوخ کی برادری دیوان جی کے خلاف متحد ہوگئی۔ حضرت (نانوتویؒ) کے علم میں جب یہ آیا اور معلوم ہوا کہ موقع پر شہر میں عظیم ترین ہنگامہ بپا ہونے کا خطرہ ہے، تو ایک دن جب دیوان جی حضرت والا کی مجلس مبارک میں حاضر تھے اور اسی مجلس میں شہر کے اکابر شیوخ اور دوسری برادریوں کے بڑے موجود تھے۔ سیدنا الامام الکبیر حضرت نانوتویؒ دیوان جی کو مخاطب بنا کر فرمانے لگے کہ "بندۂ خدا اگر ایسا ہی کرنا تھا تو کم از کم مجھ سے ذکر تو کر لیا ہوتا" یہ بات تو دیوان جی سے کہی گئی اور اس کے بعد اسی بھری مجلس میں حضرت والا کی طرف سے بھی عام اعلان فرما دیا گیا کہ "لیکن خیر اب اگر ایسا کہہ دیا گیا ہے، تو دوسرا سر قاسم کا لگا ہوا ہے" مطلب یہ تھا کہ اپنی لاش پر دیوان جی نے اعلان کیا تھا کہ تعزیہ گزرے گا اسی لاش کے ساتھ دوسری لاش جسے تعزیہ لے جانے والے اپنے قدموں کے نیچے پائیں گے وہ محمد قاسم کی لاش ہوگی[1]۔"

صفتِ صدیقی "أینقص الدین و أنا حي" کی زندہ مثال

اس واقعہ سے حضرت صدیق اکبر رضی اللہ عنہ کے تاریخی جملے "أینقص الدین و أنا حي" کی ہلکی سی جھلک محسوس کرنے والوں کو محسوس ہو سکتی ہے۔ اور صرف یہی ایک واقعہ نہیں؛ بلکہ ان کی زندگی کا اصل مقصد ہی دین کی حفاظت واقامت اور اس کا احیاء ودفاع تھا؛ اسی لیے انھوں نے کوئی تقریر وتحریر یا تحقیق برائے تحقیق پیش نہیں کی؛ بلکہ ہر قدم تحفظِ دین اور اسلامی تہذیب کی اقامت واشاعت کے لیے اٹھایا، زبان وقلم کا سہارا لیا ہو یا عملی جدو جہد اور اصلاحی کوششیں سب کا محور وہی ایک تھا۔ یہی وجہ ہے کہ ان کی زیادہ

---

[1] سوانح قاسمی، ج:۲، ص: ۷۴-۷۶

تر تالیفات اسلام کے عقائد حقہ کی ترجمانی اور اہل باطل کی نفی وتردید پر مشتمل ہیں۔

عاجز راقم نے حضرت نانوتوی علیہ الرحمۃ کی ایمانی حمیت کا اجمالا تذکرہ کرنے کے لیے جن واقعات کی طرف محض اشارہ کیا ہے، ان واقعات کی تفصیل اور ان کے پس منظر کو دیکھ کر ہی حضرت کی حمیتِ دینی کا حقیقی اندازہ ہوسکتا ہے کہ وہ کن ناگفتہ بہ اور سنگین حالات میں ملت اسلامیہ اور علوم اسلامی کی پاسبانی کے لیے اٹھ کھڑے ہوئے اور اسلامی فکر، اسلامی تہذیب اور اسلامی تشخص پر انگریزی حکومت، اس کے نظام تعلیم اور اس کے زیر اثر پادریوں نیز آریہ سماجیوں کی طرف سے ہونے والے چوطرفہ منصوبہ بند حملوں کے مقابلے کے لیے کس طرح مردآہن بن کر ہر میدان میں ڈٹے رہے اور باطل کے ناپاک ارادوں اور سازشوں کو کس عزم وحوصلے، ہمت وجرأت اور حکمت وبصیرت کے ساتھ ناکام کرنے میں کامیاب ہوئے۔ ان نامساعد حالات کی پوری تفصیل اس مختصر سے مضمون میں مشکل ہی نہیں بلکہ ناممکن ہے۔

دورِ نانوتویؒ کے تین دفاعی محاذ

بس خلاصہ کے طور پر اتنا ذکر کر دینا مناسب معلوم ہوتا ہے کہ اس وقت داخلی فساد و بگاڑ کے علاوہ خارجی اعتبار سے بنیادی طور پر تین محاذ کھلے ہوئے تھے، جن پر کام کرنے کے لیے کسی غیرت دینی سے معمور، فولادی عزم وحوصلے والے، حقیقت آگاہ اور زمانہ آشنا مردآہن کی ضرورت تھی۔

☆ ایک طرف مسلمانوں کی سیاسی قوت کی بحالی اور ایک طویل عرصے تک حکومت کرنے والی امت کی عظمت رفتہ کی بازیابی کا مسئلہ تھا۔

☆ دوسری طرف غیر اسلامی جماعتوں سے نظریاتی جنگ درپیش تھی، آئے دن مختلف جہتوں سے اسلامی عقائد واحکام پر حملے کیے جارہے تھے اور اسلامی تصورات کی غلط تعبیرات پیش کی جارہی تھیں۔ چنانچہ دو مرتبہ چاندا پور ضلع شاہجہاں پور کا **"میلۂ خداشناسی"** اور بانی آریہ سماج دیانند سرسوتی اور اس کے چیلوں کا رڑکی، میرٹھ اور دیگر شہروں میں اسلام کے خلاف زہر افشانی اسی سلسلے کی کڑیاں تھیں۔ ضرورت تھی کہ ان حملوں کا بھرپور مقابلہ کیا جائے اور اسلامی عقائد واحکام کے حقیقی خدوخال جدید سائنٹفک انداز میں پیش کیے جائیں۔

☆ تیسری جانب ملک میں مسلمانوں کی جہالت وافلاس کی وجہ سے اور انگریزی نظامِ تعلیم کے ذریعے ذہنی ارتداد کی وبا پھیل رہی تھی بلکہ ایک بڑے منصوبے کے تحت پھیلائی جارہی تھی، ضرورت تھی کہ مسلمانوں میں ٹھوس دینی تعلیمات عام کی جائیں اور اس کے لیے پورے ملک میں دینی اداروں کا جال بچھایا جائے تاکہ یہ امت اپنے حقیقی دین پر پورے شرح صدر کے ساتھ قائم رہے اور اسلاف کے علمی ودینی اثاثوں کی

حفاظت کر سکے۔ حضرت نانوتوی علیہ الرحمۃ نے داخلی اصلاحات کے ساتھ ساتھ ان تینوں محاذوں پر کام کیا۔

میدانِ شاملی

انگریزوں کے ذریعہ مسلمانوں کی آٹھ سو سالہ حکومت چھن جانے اور سیاسی وسماجی، اقتصادی ومعاشی اور دینی ومذہبی پامالی کی وجہ سے ان کے دلوں میں انگریزوں کی نفرت وعداوت اور انتقام کا جذبہ ایک فطری بات تھی۔ چنانچہ جب ۱۸۵۷ء میں میرٹھ چھاؤنی کے اندر کارتوسوں میں گائے اور خنزیر کی چربی والے معاملے کو لے کر فوجیوں نے بغاوت کردی اور انگریز افسروں کو گولیوں سے بھون ڈالا تو اس بغاوت کی لہر پورے ملک میں پھیل گئی، جس کا سب سے زیادہ اثر یوپی کے مغربی اضلاع پر پڑا اور لوگوں میں جہادِ حریت کا جذبہ مستحکم ہوگیا نیز انگریز فوج کی بھی ادھر کڑی نظر ہوگئی اور اس جہادِ حریت کو، جس کو انھوں نے بغاوت کا نام دیا تھا، ختم کرنے کے لیے اپنی پوری طاقت جھونک دی۔ اسی کا اثر تھا کہ قصبہ تھانہ بھون کے رئیس قاضی عنایت علی کے بھائی قاضی عبدالرحیم جب انہی دنوں میں ہاتھی خریدنے کے لیے چند ساتھیوں کے ہمراہ سہارنپور گئے تو ان سب کو انگریز پولس نے بلاتحقیق وتفتیش بغاوت کے الزام میں پھانسی پر لٹکا دیا، جس کے ردِعمل کے طور پر ان کے بھائی قاضی عنایت علی نے تھانہ بھون سے قریب شیر علی کے باغ میں انگریزی سپاہیوں کے ایک وفد پر حملہ کیا، جو بہت سے کارتوس اور ہتھیار لے کر سہارنپور سے کیرانہ جا رہا تھا اور ان کو قتل کرکے ان کا سارا ساز وسامان لوٹ لیا۔

علماء کرام اور خصوصاً حضرت نانوتویؒ اور ان کے رفقاء جو سب سے زیادہ حساس تھے، وہ کیسے خاموش رہ سکتے تھے؛ کیوں کہ ان کو مادی وجود سے زیادہ دینی وجود کا خطرہ لاحق تھا؛ لہذا انھوں نے حضرت حاجی امداد اللہ مہاجر مکیؒ کی سربراہی میں مشورہ کیا اور جن حضرات نے قلتِ اسباب یا امیر نہ ہونے کی دلیل دے کر دینی اعتبار سے جہاد نہ کرنے کی رائے ظاہر کی تو حضرت نانوتویؒ ہی نے جنگ بدر میں اسباب کی کمی کا حوالہ دیا اور امیر المؤمنین کے لیے حضرت حاجی صاحبؒ کے ہاتھ پر سب سے پہلے بیعتِ جہاد کرکے ایک اہم ترین مسئلہ کا بہترین حل پیش کردیا، جس کے بارے میں کسی کو لب کشائی کی جرأت نہیں ہوسکتی تھی۔

چنانچہ ۱۸۵۷ء کے جہادِ حریت میں آپ نے بہ نفس نفیس عملی طور پر حصہ لیا اور میدان شاملی میں چیف کمانڈر کی حیثیت سے قائدانہ اور انتہائی سرفروشانہ کردار ادا کیا۔

اسی میدان شاملی کے اور کئی واقعات ہیں جو حمیت اور ہمت وجوانمردی کے بین ثبوت ہیں، لیکن

مقصد واقعات کا احاطہ نہیں بلکہ ہمیں اپنے اندر اس اسپرٹ کو پیدا کرنا ہے۔

جہادِ حریت میں ناکامی اور قیامِ مدارس کی تحریک

مختصراً عرض ہے کہ ۱۸۵۷ء میں ہندوستانیوں کی عمومی شکست اور اس کے ہولناک واقعات کے بعد انگریزوں نے صرف اپنا نظام حکومت ہی نہیں، بل کہ اپنا مکمل دستورِ حیات غلام ہندوستان پر مسلط کرنے کے لیے اپنی پوری طاقت جھونک دی۔ چنانچہ برطانیہ کی پارلیمنٹ میں اس کے ممبر مسٹر مینگلس نے ۱۸۵۷ء میں تقریر کرتے ہوئے کہا کہ: "ہر شخص کو اپنی تمام تر قوت ہندوستان کو عیسائی بنانے کے عظیم الشان کام کی تکمیل میں صرف کرنی چاہیے۔"[۱]

اس مقصد کی تکمیل کے لیے ان کا اولین حملہ مسلمانوں کے تعلیمی نظام پر تھا، جو پورے اسلامی معاشرے کی بنیاد تھا۔ لہٰذا ہزاروں مدارس و مکاتب جو سلاطین و امراء کی وقف کردہ جائدادوں سے چل رہے تھے، اس انقلاب کی نذر ہو گئے اور ان تمام اوقاف کو ایسٹ انڈیا کمپنی کی حکومت نے بحق سرکار ضبط کر لیا۔ چنانچہ ڈبلیو، ڈبلیو ہنٹر اپنی رپورٹ میں لکھتا ہے کہ: "مسلمانوں کے تعلیمی ادارے ۱۸/ سال کی لوٹ کھسوٹ کے بعد یک قلم بند ہو گئے[۲]۔" کیونکہ انگریز یہ بات اچھی طرح جانتے تھے کہ مسلمان قرآن کریم پر مکمل یقین رکھتے ہیں اور جب تک وہ اس کتاب سے وابستہ رہیں گے انگریز حکومت کے وفادار نہیں ہو سکتے۔ چنانچہ ہنری ٹامس کہتا ہے کہ: "مسلمان کسی ایسی گورنمنٹ کے، جس کا مذہب دوسرا ہو اچھی رعایا نہیں ہو سکتے؛ اس لیے کہ قرآنی احکام کی موجودگی میں یہ ممکن نہیں ہے۔"[۳]

اس لیے انھوں نے اسلامی طرز فکر کو فرسودہ اور دینی قدروں کو دہقانیت قرار دیکر مدارس و مکاتب کے بالمقابل برطانوی نصاب تعلیم جاری کر کے اسکولوں، کالجوں اور یونیورسٹیوں کے قیام کا آغاز کیا، جن کا مقصد خود ہندوستان میں انگریزی نظامِ تعلیم کی کمیٹی کا صدر لارڈ میکالے اپنی رپورٹ میں بیان کرتے ہوئے لکھتا ہے کہ: "ہماری تعلیم کا مقصد ایسے نوجوان پیدا کرنا ہے جو رنگ و نسل کے اعتبار سے ہندوستانی ہوں اور دل و دماغ کے اعتبار سے فرنگی۔"[۴] اسی معنی کو ادا کرنے کے لیے میجر باسو نے لارڈ میکالے کے یہ الفاظ نقل کیے ہیں "ہمیں ایک ایسی جماعت بنانی چاہیے، جو ہمارے اور ہماری رعایا کے درمیان مترجم کا کام دے سکے، یہ ایسی جماعت ہونی چاہئے جو خون اور رنگ کے اعتبار سے تو ہندوستانی ہو مگر مذاق، رائے، الفاظ اور سمجھ کے اعتبار سے انگریز ہو۔"[۵]

---

[۱] حجۃ الاسلام الامام محمد قاسم نانوتویؒ۔ حیات، افکار، خدمات، ص: ۱۴۰۔
[۲] ایضاً، ص ۱۳۸۔
[۳] حجۃ الاسلام الامام محمد قاسم نانوتویؒ۔ حیات، افکار، خدمات، ص: ۱۴۰۔
[۴] ایضاً، ص: ۱۴۰۔
[۵] تاریخ دار العلوم دیوبند، سید محبوب رضوی، ج: ۱، ص: ۴۸۲ - ۴۸۳۔

ان اداروں میں ناپختہ کاروں کے لئے کشش کا ہر سامان مہیا تھا، ظاہری رنگا رنگی بھی تھی اور فراغت کے بعد سرکاری ملازمتوں کی دلفریبی بھی، جس کے نتیجے میں جدید تعلیم اور اس کا طریق کار تیزی کے ساتھ شہر شہر اور قریہ قریہ رواج پانے لگا۔ یوں تو اس دور کے سبھی اکابر علماء ملکی حالات اور مسلمانوں کی قومی ابتری سے پریشان تھے، مگر ضرورت تھی کہ کوئی فولادی عزم وحوصلے والا مرد خدا کھڑا ہوا اور اپنی فکری بصیرت سے انگریزی استعمار کے اس طویل منصوبے کو ناکام بنانے کا حل پیش کرے اور ان نامساعد حالات میں اسلام اور مسلمانوں کے تحفظ کے لیے سامنے آئے؛ لہٰذا حضرت نانوتوی اور ان کے رفقاء نے توفیق الٰہی کے مطابق اپنی رسا فکر اور دور بیں نظر سے ایسا حل تلاش کیا جو ان حالات میں واحد تعمیری طریق تھا اور قوم کو ذہنی غلامی سے نجات دلانے کا کیمیا اثر نسخہ تھا۔ اور وہ حل تھا علاج بالمثل کا کہ جدید تعلیم کے اثر کا جواب طریق تعلیم سے دیا جائے۔ یعنی اگر مغربی تعلیم تاریخ واسلاف سے بے گانہ بنا رہی ہے اور ان کے اندر مذہب بیزاری کا بیج بو رہی ہے تو اسی تعلیمی راہ سے مسلمانوں کو اس زہر سے بچایا جائے اور دینی تعلیم کے مراکز قائم کر کے مسلم بچوں میں اسلام پسندی اور اسلامی اقدار کے احترام وتحفظ کا جذبہ بیدار کیا جائے۔

اس بنیادی تصور کے ساتھ حضرت نانوتویؒ کے ذہن رسا نے اس راہ کی مشکلات پر غور کرتے ہوئے توفیق خداوندی سے اس تحریک کا آغاز ایک چھوٹی سی گمنام بستی (دیوبند) کی چھوٹی سی مسجد (مسجد چھتہ) سے کیا، تاکہ انگریز حکومت کو اس کے بارے میں شک وشبہ نہ ہو اور ان کی نظر نہ لگنے پائے، جو ان کی حکمت ودانائی اور کمال بصیرت کی واضح دلیل ہے۔ اسی طرح ان کے روشن دماغ نے آزاد تعلیم کے لیے آزاد ذریعۂ آمدنی کا نکتہ بھی ڈھونڈ نکالا، یعنی عوامی مدرسے کے مصارف عوامی چندے سے پورے ہوں جو سرتاپا اخلاص پر مبنی ہوں اور دینے والا اپنا پیسہ احسان جتا کر نہ دے؛ بل کہ اس کو توشۂ آخرت سمجھ کر دے اور اس طرح خود ہی پیسہ دے کر خود کو مدرسے کا احسان مند قرار دے کہ اس انفاق وامداد کی وجہ سے اس کی آخرت سنور سکتی ہے۔ اسی بنیادی نقطہ کے ساتھ ۳/مئی ۱۸۶۶ء مطابق ۱۵/محرم الحرام ۱۲۸۳ھ بروز جمعرات دارالعلوم دیوبند کا قیام عمل میں آیا۔ پھر مدرسہ شاہی مرادآباد، مظاہر العلوم سہارنپور، مدرسہ منبع العلوم گلاؤٹھی بلند شہر، اسی طرح امروہہ، میرٹھ اور دیگر کئی شہروں میں حضرت نانوتویؒ کے ذریعہ مدرسے قائم ہوئے اور اس کے بعد اسی تحریک کے تحت پورے ہندوستان میں مدارس کا جال پھیلا کر انگریزوں کے ناپاک منصوبے کو ناکام بنایا گیا۔

یقیناً حضرت نانوتویؒ کے اندر حمیتِ دینی اور غیرتِ اسلامی ہی کا وہ جوہر تھا، جس نے آپ کو ایک میدان میں ناکامی کے بعد بھی چین سے بیٹھنے نہ دیا؛ بل کہ آپ نے ہمت کے ساتھ ساتھ حکمت وبصیرت سے کام لیتے ہوئے دوسرا مورچہ سنبھالا، تاکہ اس کے ذریعہ حفاظتِ دین کا کام بھی ہو اور پہلے مورچہ کے لیے افراد بھی

تیار ہوسکیں۔ حضرت مولانا مناظر احسن گیلانی علیہ الرحمۃ قیام دارالعلوم کے مقصد کو واضح کرتے ہوئے تحریر فرماتے ہیں: "۱۸۵۷ء کی کشمکش کی ناکامی کے بعد قتال اور آویزش کے نئے محاذوں اور میدانوں کی تیاری میں آپ کا دماغ مصروف ہوگیا۔ دارالعلوم دیوبند کا تعلیمی نظام اسی لائحۂ عمل کا سب سے زیادہ نمایاں اور مرکزی وجوہری عنصر تھا۔" [۱] پھر چند صفحات کے بعد اس سلسلے میں حضرت شیخ الہند علیہ الرحمۃ کا قول نقل کرتے ہیں کہ حضرت شیخ الہند نے فرمایا: "حضرت الاستاذ (حضرت نانوتویؒ) نے اس مدرسہ کو کیا درس وتدریس، تعلیم وتعلم کے لیے قائم کیا تھا؟ مدرسہ میرے سامنے قائم ہوا، جہاں تک میں جانتا ہوں ۱۸۵۷ء کے ہنگامہ کی ناکامی کے بعد یہ ادارہ قائم کیا گیا کہ کوئی ایسا مرکز قائم کیا جائے، جس کے زیر اثر لوگوں کو تیار کیا جائے، تاکہ ۵۷ء کی ناکامی کی تلافی کی جائے۔ آخر میں فرمایا: صرف تعلیم وتعلم، درس وتدریس جن کا مقصد اور نصب العین ہے میں ان کی راہ میں مزاحم نہیں ہوں؛ لیکن اپنے لیے تو اسی راہ کا انتخاب میں نے کیا ہے، جس کے لیے دارالعلوم کا یہ نظام میرے نزدیک حضرت الاستاذ نے قائم کیا تھا۔" [۲]

خانوادۂ قاسمی کے چشم وچراغ حضرت مولانا محمد سالم صاحب قاسمی دامت برکاتہم اسی مقصد کو بیان کرتے ہوئے رقمطراز ہیں:

> "حضرت الامام نے اپنی فراست آمیز اسلامی سیاست سے۔۔۔اپنا محور فکر ملت کی ان فطری صلاحیتوں کو بنایا کہ جو عہد مغلوبیت میں مستور تو ہوسکتی ہیں؛ لیکن معدوم نہیں ہوتیں اور قیادت سلیمہ پر بھرپور اعتماد کے ساتھ یہ صلاحیتیں بروئے عمل آنے کے بعد شکست خوردگی کے بجائے "ہمت آفریں شعور" ذلت ومغلوبیت کے بجائے حوصلہ مندانہ عزم، رفعت پسندانہ اقدامات کے نتائج کے بارے میں شکوک وشبہات کے بجائے کامیابی کا یقین اور با اقتدار معاند قوتوں کے سامنے خودسپردگی کے بجائے غیرت مندانہ موقف استقامت قومی زندگی کے دھارے میں انقلاب برپا کرنے کا ایسا مؤثر ذریعہ بنتے ہیں کہ جس کا ادنی تصور بھی مغلوبیت ومفتوح ملت کو محض پست فکری اور یاس وناامیدی سے نکالنے کے طرز قیادت میں متصور نہیں ہوسکتا۔" [۳]

سب کا حاصل یہی ہے کہ حضرت نانوتویؒ نے سامراجی تسلط سے آزادی حاصل کرنے، اس کے نظام تعلیم کے ذریعہ اسلامی تہذیب وتشخص کو مٹانے کے ناپاک منصوبے کو ناکام بنانے اور اعلاء کلمۃ اللہ کو اپنی

---

۱ سوانح قاسمی، ج:۲، ص:۲۲۳۔ ۲ ایضاً، ۲۲۶۔ ۳ حجۃ الاسلام الامام محمد قاسم نانوتویؒ حیات، افکار، خدمات (مجموعہ مقالات حجۃ الاسلام سیمینار) دوسرا ایڈیشن: ۲۰۰۷ء تنظیم ابنائے قدیم دارالعلوم دیوبند، نئی دہلی، ص: ۶۲ - ۶۳۔

زندگی کا مقصدِ اولیں بنایا اور میدانِ شاملی کے بعد اس کا بہترین حل تلاش کرتے ہوئے دارالعلوم دیوبند کی بنیاد رکھی اور قیامِ مدارس کی تحریک شروع کی۔

تیسرے محاذ کے سلسلے میں مذکورہ اشارہ پر اکتفاء کرتے ہوئے یہاں آپ کی دینی حمیت کے ایک اور اہم پہلو کی طرف توجہ دلانا مناسب معلوم ہوتا ہے اور وہ ہے جنگ بلقان کے مجاہدین کا مالی تعاون اور اس میں شرکت کے مقصد سے حجاز کا سفر۔

جنگ بلقان کے مجاہدین کی اعانت وامداد

حضرت نانوتویؒ کی حمیت دینی اور غیرت ملی کا ایک بہت اہم باب جنگ بلقان میں مجاہدین کا مالی امداد وتعاون اور اس جہاد میں بنفس نفیس شرکت کے مقصد سے حجاز کا سفر ہے، جو اتفاق سے مشہور نہیں ہوا۔ یعنی جب نکولس کے بیٹے الگزنڈر دوم شاہِ روس نے مارچ ۱۸۵۶ء (رجب ۱۲۷۳ھ) کے صلح نامے کے باوجود بغیر کسی معقول وجہ کے ترکی (عثمانی) حکومت کی فوج پر اچانک ۱۸۷۷ء (۱۲۹۴ھ) میں ایک بڑا حملہ کردیا، تو ترکی فوج کو مقابلہ میں سخت پریشانی ہوئی اور یکے بعد دیگرے بلقانی ریاستوں کے علاقے عثمانی خلافت کے ہاتھوں سے نکلتے چلے گئے۔ اسی موقع پر حضرت نانوتویؒ اور ان کے رفقاء سربکف میدان میں آئے اور ان کی حمایت کے لیے مالی امداد وتعاون کے ساتھ ساتھ حجاز، پھر وہاں سے ترکی حکومت کے زیر انتظام جنگ کے میدان میں جانے کا فیصلہ کیا، اگر چہ وہ حجاز ہی سے حالات کا جائزہ لے کر واپس آ گئے۔ حضرت مولانا نورالحسن راشد کاندھلوی لکھتے ہیں:

> "اس وقت (۱۸۵۶ء) تو صلح نامہ ہو گیا تھا مگر بعد میں روس نے سمجھا کہ یہ صلح نامہ اس کے ارادوں کے راستہ میں ایک بڑی رکاوٹ ہے، اس لیے اس نے بغیر کسی معقول وجہ کے عثمانی (ترکی) حکومت کی فوج پر ۱۸۷۷ء (۱۲۹۴ھ) میں ایک اور بڑا حملہ کردیا۔ ۱۸۵۶ء کے معاہدہ کی وجہ سے اس طرح کے کسی حملہ کی امید نہیں تھی اور یہ حملہ اچانک ہوا، جس کی وجہ سے ترکی فوج اور مقامی ریاستوں کے ذمہ داروں اور فوجی افسروں کو مقابلہ میں سخت پریشانی کا سامنا ہوا، اس پریشانی کو ان ریاستوں کے درمیان سخت اختلافات اور باہمی پنجہ کشی نے بہت بڑھا دیا تھا، جس کے نتیجہ میں ایک کے بعد ایک بلقان ریاستوں کے علاقے ترکی حکومت کے ہاتھوں سے نکلتے چلے گئے۔ یہی وہ موقع تھا جب ہندوستان کے علماء کے قائدین سربکف میدا

---

۱ قاسم العلوم حضرت مولانا محمد قاسم نانوتوی۔ احوال وآثار وباقیات، حضرت مولانا نورالحسن راشد صاحب کاندھلوی، ط: اول ۲۰۰۰ء، مکتبہ نور، کاندھلہ، مظفرنگر، یوپی، ص: ۹۵-۹۶۔

ن میں آئے اور مشرقی یورپ کے مسلمانوں کی حمایت کے لیے حجاز، وہاں سے ترکی حکومت
کے زیر انتظام جنگ کے میدان میں جانے کا فیصلہ کیا۔"[1]

حضرت نانوتوی علیہ الرحمۃ جو دینی غیرت کے پتلے اور خود کو عالمی ملی کارواں کا ناچیز خادم اور معمولی حصہ سمجھتے تھے، اس حادثہ سے شاید سب سے زیادہ متاثر ہوئے۔ چنانچہ حضرت ہی کی سربراہی اور سرپرستی میں یہ اہم اور تاریخی فیصلہ کیا گیا کہ ہم سب خلافتِ اسلامیہ اور مشرقی یورپ کے مسلمانوں کی مدد کے لئے جو کچھ بھی کر سکتے ہیں، اس کے لیے بھرپور کوشش کریں گے اور اس تعاون و کوشش کی دو صورتیں ہو سکتی تھیں۔

(۱) مشرقی یورپ کے مسلمان مجاہدین اور ترکی فوج کے جوانوں اور جنگ کے شہداء کے یتیموں اور بیواؤں کی مالی امداد، جس سے ان کے حوصلوں میں توانائی آئے اور وہ خود کو تنہا محسوس نہ کریں اور ان کو یاد رہے کہ ہندوستان میں بھی ان کے دینی بھائی موجود ہیں، جو ان کی مصیبت کے موقع پر ان کے ساتھ اور ان کے رنج والم میں برابر کے شریک ہیں؛ لہٰذا اس کے لیے حضرت نانوتویؒ اور ان کے رفقاء نے عام مسلمانوں سے بڑی رقم اکٹھی کر کے بابِ عالی (مرکزی حکومت ترکی، استنبول) بھجوانے کی کوششیں شروع کیں۔ حضرت نانوتویؒ نے سب سے پہلے مدرسہ دیوبند (دارالعلوم دیوبند) کے سب ذمہ داروں، مدرسین، طلباء اور اہلِ قصبہ دیوبند سے تعاون کی درخواست کی، اس کے علاوہ اپنے سب شاگردوں، متوسلین، نیازمندوں اور مدرسہ کے ذمہ داروں کو ادھر متوجہ فرمایا اور دیوبند، نانوتہ، گنگوہ، تھانہ بھون، کاندھلہ اور اطراف کے قصبات اور شہروں کے علاوہ دور دراز شہروں میں بھی اس درخواست کی غیر معمولی پذیرائی ہوئی۔ صرف دیوبند قصبہ، دارالعلوم دیوبند کے اساتذہ، منتظمین اور طلبہ نے تقریباً دو ہزار روپے پیش کیے، دیوبند سے پانچ مرتبہ تعاون کی رقم فراہم ہوئی، جو ترکی حکومت کے قونصل مقیم ممبئی کو بھیجی گئی، ان میں سے ہر ایک قسط میں طلبہ شامل تھے۔ دیوبند کے ضلع سہارنپور میں حضرت مولانا احمد علی محدث سہارنپوری اور مولانا محمد مظہر نانوتوی وغیرہ اس کی راہنمائی فرما رہے تھے اور گنگوہ میں اس تحریک کو حضرت مولانا رشید احمد گنگوہی رحمہ اللہ- کی سرپرستی ونگرانی حاصل تھی، اس لیے ان علاقوں اور ان کے اطراف سے بڑا چندہ ہوا، جو کئی قسطوں میں قونصلر حکومتِ ترکی کو ممبئی بھیجا گیا۔ ان قسطوں کی تفصیلات اور قونصلر کی طرف سے رسیدیں اور شکریہ کے خطوط ایک دستاویز "روداد چندۂ بلقان بہ سرپرستی حضرت مولانا محمد قاسم نانوتوی" میں موجود ہیں، جسے حضرت مولانا نورالحسن راشد کاندھلوی نے اپنی کتاب "قاسم العلوم حضرت مولانا محمد قاسم نانوتوی احوال وآثار وباقیات" میں شامل کر کے شائع کیا ہے۔

اس تحریک کو پورے ملک سے جو تعاون ملا وہ غالباً ہندوستان کی اس وقت تک کی ملی تاریخ کا سب سے

پہلا اور عظیم ترین تعاون تھا، وہ رقم جو ہندوستان کے بے کس، غریب مسلمانوں نے گھر گھر، بستی بستی سے جمع کر کے بھیجوائی تھی وہ بارہ لاکھ روپئے تھے ۱۔ جو اس زمانے کے لحاظ سے تو بہت بڑی رقم تھی، اس زمانے کے اوسط اور قوتِ خرید کو دیکھئے تو یہ رقم آج کل کے لحاظ سے دس کروڑ سے بھی زائد ہوگی۔ اس قدر بڑی رقم کا فراہم کر لینا آج بھی آسان نہیں، مگر یہ حضرت نانوتویؒ اور ان کے رفقاء کی حمیتِ دینی اور ان کے جذبۂ اخلاص کا اثر تھا کہ عام مسلمانوں کی طرف سے یہ بڑی مہم سرانجام پائی۔ اور چندہ کی اس خطیر رقم کے بارے میں حضرت مولانا نور الحسن راشد کاندھلوی لکھتے ہیں کہ: "میرا خیال ہے کہ اس رقم میں حضرت مولانا محمد قاسم نانوتوی کی اہلیہ کے زیوروں کی قیمت بھی شامل تھی"۔ ۲۔ جس کی مالیت تقریباً دو لاکھ روپے تھی۔ یقیناً یہ حضرت نانوتویؒ کے ملتِ اسلامیہ کے لیے اپنا سب کچھ قربان کر دینے کے جذبہ کا اثر تھا ورنہ کسی عورت کے لیے اپنے اس قدر مہنگے زیورات سے دستبردار ہونا کوئی آسان بات نہیں تھی۔

اعانت و مدد کی دوسری شکل

اس اعانت و مدد کی دوسری شکل یہ تھی کہ خود موقع پر میدان جنگ میں جا کر اس جماعت اور قافلۂ جہاد میں شریک ہوں، قافلۂ ایمان کو اپنے لہو سے سیراب کریں اور چمن اسلام کو اپنی جان دے کر شاداب فرمائیں؛ لیکن عوام کو اس کی ترغیب نہیں دی گئی اور ان کے لیے مالی تعاون کو کافی سمجھا گیا، جیسا کہ ان کی تحریروں میں صاف طور پر اس کا تذکرہ ملتا ہے۔ اب اس منصوبے پر عمل کرنے کے لیے سب سے بہتر صورت یہی ہو سکتی تھی کہ سفر حجاز پر جائیں اور وہاں کے حالات کا مشاہدہ کر کے سفر کے دوسرے مرحلے کی تیاری کریں؛ اس لیے سفر حج کا ارادہ کر لیا گیا اور اس کارواں میں جو نئی منزلوں کا مسافر بن کر سفر کے لیے روانہ ہو رہا تھا، نامور علماء کی کثیر تعداد شریک تھی۔ اس سفر سے متعلق روایات و اطلاعات اگرچہ واضح نہیں ہیں کہ یہ سفر کیوں اور کن مقاصد کے لیے ہو رہا تھا، مگر اس کا عام طور سے اندازہ تھا کہ علماء ہند جہاد کے ارادے سے سفر حج پر جا رہے ہیں؛ اس لیے جیسے ہی یہ خبر عام ہوئی لوگ جوق در جوق ان حضرات کی رفاقت کے لیے کھڑے ہوئے اور ایسا رجوع عام ہوا کہ ساتھ جانے کے لیے سو سے زائد اصحاب شروع سفر سے ساتھ تھے۔

حضرت مولانا عاشق الٰہی تحریر فرماتے ہیں۔

> "عام اہل اسلام نے جب دیکھا کہ دفعتاً خلاصۂ ہندوستان بجانب حجاز جا رہا ہے اور اس وسیع ملک کی سرتاپا چمکدار نورانی مشعلیں عرب کی طرف روانہ ہو رہی ہیں، تو ایک ہلچل مچ گئی اور جس سے بھی ہو سکا وہ معیت و ہمرکابی کے لیے تیار ہو گیا، اس لیے کہ بطور خود لوگوں کے ذہنوں میں یہ خیال پیدا ہو

گیا کہ یہ حضرات دینی معاونت کے لیے بہ حیلۂ سفرِ حجاز حقیقت میں ملک روم کا سفر کر رہے ہیں۔ ترکی سلطنت کی طرف سے والنٹیر جماعت میں شامل ہو کر مجاہد فی سبیل اللہ بنیں گے اور جس کے نصیب میں مقدر ہے جام شہادت پی کر حیات ابدی حاصل کرے گا۔"[1] یہاں رک کر ذہن میں ایک سوال پیدا ہوتا ہے کہ جب سب لوگ اسی خیال سے اس سفر میں ساتھ جا رہے تھے اور قافلہ سالار اصحاب علم وفضل کو اس کا خوب علم بھی تھا کہ ان سب کو یہ خبر ملی ہے اور یہ اسی مقصد سے ہمارے ساتھ سفر کر رہے ہیں؛ لیکن اگر یہ اطلاع غلط تھی، تو یہ امید نہیں کی جاسکتی کہ حضرات علماء کرام نے جان بوجھ کر سچ بات کو چھپایا ہو یا اپنے متوسلین اور مخلص نیک مسلمانوں کو اندھیرے یا فریب میں رکھنا پسند کیا ہو۔ بہ ظاہر تو یہی معلوم ہوتا ہے کہ یہ اطلاع صحیح تھی اور زبان خلق نقارۂ خدا کی ترجمان تھی۔

حضرت نانوتویؒ نے مسلمانوں کی غیرت کو کس طرح جگایا اور اپنے سینے میں لگی ہوئی آگ کی حرارت سے لوگوں کے دلوں میں موجزن ایمان کی چنگاری کو کس طرح سلگایا، اس کا کچھ اندازہ حضرت کی تحریروں سے ہوتا ہے؛ کیوں کہ انھوں نے ترکی کی حمایت کا فیصلہ بہت سوچ سمجھ کر اور علم واستدلال کی روشنی میں کیا تھا اور اس سلسلے میں مسلمانوں کی غیرتِ دینی کو جگانے اور پوری ملت کو آواز لگانے کے لیے انھوں نے تین تحریریں بھی لکھی تھیں، ان میں سے دو تحریریں مولانا نور الحسن راشد صاحب نے اپنی کتاب "قاسم العلوم حضرت مولانا محمد قاسم نانوتوی احوال وآثار وباقیات" میں شامل کر کے شائع کی ہیں اور ایک کے متعلق فرمایا ہے کہ وہ مجھے نہیں ملی۔ چوں کہ حضرت کی ان تحریروں میں علم کی گہرائی، استدلال کی ندرت وقوت کے ساتھ ساتھ دینی حمیت، ملی غیرت، جذبۂ جہاد اور جہد وعمل کی ایک داستان اور دفتر پوشیدہ ہے؛ اس لیے بطور نمونہ اس کے دو اقتباسات پیش کیے جا رہے ہیں۔ اس کتابچہ میں حضرت نانوتویؒ نے سب سے پہلے ترکی پر روس کی یورش اور اس کے نقصانات کا تذکرہ کیا ہے پھر مسلمانوں کی دینی غیرت کو جگاتے ہوئے لکھا ہے کہ:

"دنیا چند روز ہے یہ وقت پھر نہ ملے گا، اگر کسی اور وجہ سے تم کو حرارت نہیں آتی تو کیا یہ بات بھی باعثِ سرگرمی نہیں کہ مکہ معظّمہ میں خانۂ کعبہ اور مدینہ منورہ میں روضۂ مطہرہ جو اس عزوشرف کے ساتھ آج تک موجود ہیں، تو سلطانِ روم ہی کے بدولت یہ حفاظت ہے۔ اگر خدانخواستہ سلطانِ روم کو بوجہِ ہجوم اعداء اس تنہائی میں شکست ہوئی تو تم ہی کہو کہ پھر ان مقامات متبرکہ کا کیا حال ہو گا، تمہارے اتنے حوصلے نہیں کہ مقابلہ پر جانبازی کرو، اس لیے لازم ہے کہ ان کی اس کفالت کے بدلے کہ وہ مسلمانوں کے پیچھے ان مقامات کی عزت کے لیے اپنی جان ہار بیٹھے، یہاں تک کہ ہزاروں تلف ہو گئے، اتنا ہی کرو کہ تھوڑا تھوڑا روپیہ جمع کر کے ان یتیموں اور زخمیوں کی

---

[1] تذکرۃ الرشید، ج:۱، ص: ۲۲۳۔

خبر لو۔علاوہ ازیں سلطان بذات خود مع اپنے شاہزادوں کے در بدر روم کی لڑائی کے لیے چندہ مانگتے پھرتے ہیں، کیا تمہیں اس خبر کو سن کر بھی غیرت نہیں آتی۔ دور دور کے لوگ ترکوں کی ہمدردی اور دردمندی میں بے قرار ہیں، مگر تم کو ہزاروں کے خون اور ہزاروں کے یتیم اور بیوہ ہو جانے کی خبر پر بھی غیرت نہیں۔ اللہ رے صبر وتحمل، اتنے بڑے صدمہ پر نہ اف ہے نہ آہ ہے۔خداوند قاضی الحاجات حضرت آدم علیہ السلام سے لے کر اب تک سب کی حاجت روائی کرتا رہا؛ بلکہ علاوہ حاجت روائی تمہارے خوشنودئ خاطر (کے لیے) کیسی کیسی لذتوں کی چیزیں بنائیں اور اس زمانہ سے لیکر آج تک کبھی دریغ نہ کیا۔خداوند عالم نے اس زمانہ سے لے کر ایسے ایسے احسان کیے اور کیے چلا جاتا ہے اور تمہارا ہمارا حال یہ ہے کہ جان چراتے پھرتے ہیں، نہ جان دے سکیں نہ مال دے سکیں۔ جب سے ہندوستان میں اسلام آیا اس روز سے لے کر کبھی اسلام کی تقویت یا حفاظت کا خرچ یا حرمین شریفین کی تعمیر یا حفاظت کا خرچ کسی مسلمان کے ذمہ نہیں پڑا، ایک یہ خرچ آیا ہے سو اس میں یہ پہلو تہی ہے۔ کچھ خدا سے حیا کرو، کیا اس کے ان احسانات بے پایاں کا یہی بدلہ ہے، کیا اس کے ان انعامات بیکراں کا یہی صلہ ہے، اسی کے مال میں سے اسی کے کام میں دریغ، اس سے زیادہ اور کیا بے حیائی ہوگئی۔ خدا کے کام میں بہانہ مت کرو، ایسا نہ ہو خداوند عالم کسی بہانہ سے اپنے احسانوں میں دریغ کرنے لگے [1]۔"

پوری تحریر کا خلاصہ حضرت الامام ہی کے الفاظ میں یہ ہے:

"اس لیے یہ گزارش ہے اگر خدا کی مغفرت کے امیدوار اور اس کے حبیب صلی اللہ علیہ وسلم کی شفاعت کے خواستگار ہو تو حرمین شریفین کی حفاظت میں جان نہیں، مال ہی سے مدد کرو۔ بالکل بے حیا نہ بنو، کچھ تو شرم کرو اوروں سے نہیں شرماتے تو خدا اور رسول صلی اللہ علیہ وسلم ہی سے شرماؤ، یوں ہاتھ سے مال جو ہاتھ کا میل ہے، نہیں چھوٹتا، تو ان ننھے ننھے بچوں کی آہ وزاری پر رحم کرو جن کے باپ خدا کی راہ میں خاک وخون میں تڑپ تڑپ کر مر گئے، ان بیویوں کی بے کسی ہی پر رحم کرو، جن کے خاوندان کو چھوڑ کر خدا کی راہ میں اپنا جان ومال نثار کر گئے، یوں بھی غیرت نہیں آتی، تو یہی خیال کرو کہ ہزاروں غرباء نے باوجود افلاس اپنا پیٹ کاٹ کر تھوڑا تھوڑا کر کے ہزاروں روپیہ جمع کر دیئے۔۔۔اور بھی کچھ نہیں ہوسکتا تو زکاۃ ہی عنایت کرو، ایسے مصارف میں زکاۃ بھی

---

[1] قاسم العلوم حضرت مولانا محمد قاسم نانوتویؒ احوال وآثار وباقیات، ص ۱۱۱ - ۱۱۴ (کمپوز) ص: ۱۳۴ - (عکس تحریر)۔

[2] حوالہ سابق، ص: ۱۱۵ (کمپوز) ص: ۱۳۷ - ۱۳۸ (عکس)

جائز ہے الغرض بہانوں کو جانے دو۔ وقتِ ہمت ہے ٹلانے کا وقت نہیں۔"[۲]

یقیناً حضرت نانوتویؒ کے مذکورہ کارناموں اور تحریروں سے ان کے اسلام پر مر مٹنے کے جذبے اور باطل کے مقابلہ کے لیے فولادی عزم وحوصلے کا بخوبی اندازہ ہوجاتا ہے اور اس دعوے کی بھی تصدیق ہوجاتی ہے کہ ان کو دونوں رشتوں (نسبی وروحانی) سے حضرت صدیق اکبرؓ کی حمیتِ دینی اور غیرت اسلامی کا وافر حصہ ملا ہوا تھا۔

آج جب کہ پوری دنیا میں صہیونی اور باطل طاقتیں اسلام اور مسلمانوں کو مٹانے کے لیے انتھک کوششیں کررہی ہیں، پورا عالمِ اسلام ان کے نرغے میں ہے اور خود ہمارے ملک ہندوستان میں برہمنی شاطر دماغ صہیونی لابی کے ساتھ ساز باز کرکے مسلمانوں کے لیے سیاسی، سماجی، اقتصادی اور فکری ہر اعتبار سے دائرہ تنگ سے تنگ کرتا جارہا ہے اور بظاہر وہ روز بروز اپنے مشن اور مقصد میں کامیاب ہوتا نظر آرہا ہے۔ وہ جب چاہتا ہے فسادات کرواکر سینکڑوں کی تعداد میں ہمیں موت کی نیند سلادیتا ہے، ہمارے نوجوانوں کو کسی بھی بے بنیاد الزام میں گرفتار کرکے جیلوں میں ٹھوس دیتا ہے، دھماکے وہ خود کرتا یا کرواتا ہے اور ہمیں مار کر پھر ہم ہی کو مجرم بنادیتا ہے اور اب تو ہمارے بڑے سے بڑے آدمی پر بھی ہاتھ ڈالنے سے وہ دریغ نہیں کرتا اور ہم ایک عاجز وبے بس کی طرح سوائے چیخنے اور چلانے کے کچھ نہیں کرپاتے یا زیادہ سے گیدڑ بھپتیاں کستے ہیں، جس کا ان پر کوئی اثر نہیں پڑتا یا پھر بھیک کا پیالہ لیکر انہی سے حق وانصاف کی بھیک مانگتے ہیں اور وہ سیاسی مصلحتوں کی خاطر کبھی ہمارے پیالہ میں کچھ بھیک ڈالدیتا ہے تو ہم اسی کو اپنی کامیابی سمجھنے لگتے ہیں اور خوشی کے شادیانے بجاکر ہر ایک سے دادِ تحسین وصول کرنا چاہتے ہیں۔ سیاسی طور پر ہماری کوئی حیثیت رہ گئی ہے نہ سماجی طور پر، صرف ہم ایک قلی کی طرح کسی کو اتارنے اور دوسرے کو بٹھادینے میں مدد کردیتے ہیں، خود ہم سفر کرنے کے اہل نہیں بنتے یا بننا نہیں چاہتے۔ تعلیمی نظام میں ہمارا کوئی رول نہیں ہے جب کہ اسی سے فکری ڈھانچہ تیار ہوتا ہے، جس کا فائدہ اٹھاکر برہمنی لابی اپنے مخصوص نظریہ کے فروغ کے لیے اسلام دشمنی اور مسلمانوں کی نفرت پر مبنی نصاب ونظام کو کئی صوبوں میں عملی جامہ پہنا چکی ہے اور ملکی پیمانے پر اس کو لاگو کرنے کی بھرپور کوشش کررہی ہے اور ہم صرف مدارس کی حد تک کام کرنے کو اپنا فریضہ سمجھنے کی غلطی کربیٹھے ہیں حالاں کہ مدارس میں پڑھنے والے صرف مسلم گھرانوں کے ۴/ فیصد سے بھی کم بچے ہیں اور ان کو بھی ہم صحیح تعلیم وتربیت سے آراستہ کرنے میں مکمل طور پر کامیاب نہیں ہیں، چہ جائے کہ ہم اپنی پوری نئی نسل کی فکری اعتبار سے حفاظت کرنے میں کامیاب ہوں اور پھر اگلا قدم بڑھاکر اپنے برادرانِ وطن کو غلط اور صحیح کی پہچان کراسکیں اور ان کے اندر اسلام اور مسلمانوں کے بارے میں جو غلط فہمیاں

ایک منصوبے کے تحت پھیلائی جارہی ہیں، ان کو دور کرسکیں۔ اسی طرح معاشی اور اقتصادی اعتبار سے بھی ہم انتہائی پچھڑے ہوئے ہیں، اس پر بھی اُسی لابی کا قبضہ ہے اور وہ جان بوجھ کر ذرائع معاش کے اچھے مواقع اور اہم عہدوں تک ہمارے قابل ہونہار نوجوانوں کو (جو کہ بہت کم ہیں) بھی پہونچنے نہیں دیتا۔ خلاصہ یہ کہ ہر شعبۂ زندگی میں اُس برہمنی شاطر دماغ نے بڑی چالاکی سے اپنا قبضہ جمارکھا ہے اور ہمیں مسلسل پیچھے ڈھکیلتا جارہا ہے، جس کی وجہ سے صرف ہم ہی نہیں بلکہ بہت سے غریب بھولے بھالے لوگ بھی ظلم وستم کی چکی میں پس رہے ہیں اور حق وانصاف کی بھیک مانگ رہے ہیں نیز ان کی امیدیں ہم سے بھی وابستہ ہیں اور ہم ہیں کہ اپنی غفلت اور خودغرضی ومفاد پرستی کے دبیز پردوں کو چاک کر کے باہر آنے کا نام نہیں لیتے۔

ان حالات کو بیان کرنے کا مقصد قطعا یہ نہیں ہے کہ ہم مایوس ہوجائیں اور ہتھیار ڈال دیں؛ کیوں کہ حالات تو آتے رہتے ہیں اور انہی حالات سے گزر کر یہ امت ہمیشہ کامیابی کی منزلیں طے کرتی رہی ہے اور نہ العیاذ باللہ کسی پر تنقید یا کسی کی تنقیص ہے کہ دین کا کوئی کام کرنے والا ہی نہیں ہے۔ الحمدللہ کام ہورہا ہے اور جو کچھ ہورہا ہے وہ بھی بہت غنیمت ہے اور یہ عاجز تہِ دل سے دین وملت کے تمام خدمت گزاروں کا قدردان اور شکرگزار ہے؛ بلکہ صرف یہ مقصد ہے کہ ان حالات میں ہم اپنے اندر حضرت صدیق اکبر کے جذبۂ "أینقص الدین و أنا حيّ" کی کوئی چنگاری سلگانے کی بھرپور کوشش کریں اور ماضی قریب کے اپنے محسن اور خصوصا برصغیر ہند میں اسلام اور اسلامی تعلیمات کی حفاظت کرنے والے بانئ دارالعلوم دیوبند حجۃ الاسلام حضرت مولانا محمد قاسم نانوتویؒ کی زندگی کو اپنا آئیڈیل بنا کر دین وملت کے لیے اپنی زندگیوں کو وقف کردینے کا فیصلہ کریں اور حق وانصاف کی لڑائی لڑنے اور اپنے حریف یعنی باطل کو شکست دینے کے لیے پوری ہمت وحکمت سے کام لیں؛ کیوں کہ جب تک ہمارے اندر دینی حمیت اور اسلامی غیرت بیدار نہیں ہوگی اور ہم ظلم وباطل کو اپنا مدِ مقابل بنا کر اس سے لڑنے کے لیے کمربستہ نہیں ہوں گے، اس وقت تک ہماری صفوں میں اتحاد واتفاق پیدا نہیں ہوگا جو ہماری کامیابی کی اصل کنجی ہے، شاید (واللہ اعلم بالصواب) اسی لیے اللہ تبارک وتعالی نے صحابۂ کرام کے اوصاف بیان کرتے ہوئے "رُحَمَاءُ بَيْنَهُم" سے پہلے "أَشِدَّاءُ عَلَى الْكُفَّارِ" کا تذکرہ کیا ہے؛ کیوں کہ یہ بات انسانی فطرت میں داخل ہے کہ وہ کسی کو شکست دینا چاہتا ہے اور جب اس کا حریف باطل بن جاتا ہے تو پھر وہ اپنوں کے ساتھ شیروشکر ہوجاتا ہے۔ اللہ ہمیں ہوش کے ناخن لینے کی توفیق دے اور اپنے دین کا درد وغم عطا فرما کر اس کی خدمت کے لیے قبول فرمالے (آمین)۔

☆☆☆

حضرت مولانا ذوالفقار احمد صاحب نقشبندی مجددی دامت برکاتہم

نیک بختی کے تین گُر

[ذیل میں مصلح زمانہ حضرت مولانا ذوالفقار احمد صاحب نقشبندی مجددی دامت برکاتہم کا ایک مکتوب پیش کیا جارہا ہے جو انہوں نے ایک بیرونی سفر کے دوران ایک سالک کو لکھا تھا ——— مدیر]

من فقیر
لینن گراڈ

عزیز القدر آفاق حیدر صاحب زید مجدہ

السلام علیکم ورحمۃ اللہ۔ فقیر بخیریت ہے اور آپ کی خیریت از بارگاہ رب العزت مطلوب ہے۔
آج کے روس کے صوبہ کیرل اور کنشا مکشا نامی ایک شہر سے لینن گراڈ واپسی ہے، یہاں پر تقریباً بیس انسان اسلام میں داخل ہوئے، انہیں دین کی بنیادی باتوں کی تعلیم دینے ہی میں وقت گذر گیا، تاہم ذکر و مراقبہ کی تعلیم سے یہ لوگ بہت خوش ہوئے۔ پچھلے ستر سال میں جس قوت اور شد و مد کے ساتھ ان لوگوں کو مادی دنیا میں دھکیلا گیا اب اسی قوت کے ساتھ یہ لوگ روحانیت سے آشنا ہونے کے متمنی ہیں، انسان کے اندر ضمیر نام کی ایک شئے بھی بڑی عجیب ہوتی ہے جو خواہشات نفسانی کے غلبے کی حالت میں بھی انسان کو حق کی نشاندہی کرتی رہتی ہے، یہ چنگاری مناسب موقع ملتے ہی مشعل کی مانند منزل کے نشان کو واضح کر دیتی ہے، اللہ کرے کہ کوئی ہاتھ پکڑ کر منزل پہ پہونچانے والا مل جائے تو زہے نصیب۔ کسی نے کیا خوب کہا ہے۔

قدموں پہ میرے گرد ہر اک راہ گذر کی ہے
چھانی بھی خاک میں نے بہت دربدر کی ہے

تانبے کا یہ وجود جو سونے میں ڈھال دے
مجھ کو تلاش ایسے مسیحا نظر کی ہے

عزیزم! جس طرح دردسر کا علاج تاج پہننے سے نہیں ہوتا اسی طرح دل کا علاج فقط جبہ ودستار پہننے سے نہیں ہوتا۔ اتناذکر کیا جائے کہ دل میں سچ اتر جائے۔صوفی وہ ہے جس کا کردار گفتار کے موافق ہو۔ یادرکھیں کہ جو عبادت دنیا میں مزہ نہیں دے گی وہ آخرت میں جزا بھی نہ دے گی۔اوراد واشغال کا بنیادی مقصد رذائل سے چھٹکارا پانا اور اخلاق حمیدہ کا حاصل کرنا ہے۔جس سالک کو اخلاق حمیدہ میں سے تین خلق نصیب ہوگئے اس پر سعادت کا دروازہ کھول دیا گیا۔ان کی تفصیل درج ذیل ہے۔

تواضع

سالک تمام عبادات اور تقویٰ وطہارت کے باوجود اپنے آپ کو دوسروں سے کمتر جانے۔حدیث پاک میں ہے **من تواضع لله رفعه الله** ''جس نے اللہ کے لئے تواضع اختیار کی اسے اللہ نے بلندی عطا کی'' حضرت عمر رضی اللہ عنہ کی مشہور دعا ہے **اللهم اجعلنی فی عینی صغیراً وفی اعین الناس کبیراً** ''اے اللہ مجھے اپنی نگاہوں میں چھوٹا اور دوسروں کی نظروں میں بڑا بنادے'' آپ نے دیکھا ہوگا کہ جس شاخ پہ پھل زیادہ ہوں وہ دوسروں کی نسبت زیادہ جھکی ہوتی ہے۔ارشاد باری تعالیٰ ہے **وَاخْفِضْ جَنَاحَكَ لِمَنِ اتَّبَعَكَ مِنَ الْمُؤْمِنِيْنَ﴿الشعراء: ۲۱۵﴾** ''تو اپنے کندھے کو ایمان والوں کے لئے جھکا دے'' تصوف میں جس کو بھی ملا تواضع کی بدولت ملا۔

انکساری میں کیسی لذت ہے
یہ رئیس و نواب کیا جانیں

ہم سے پوچھو مزے فقیری کے
شیخ عالی جناب کیا جانیں

جسم میں سر اونچا ہوتا ہے لیکن ذلت ملے تو جوتے بھی سر پر لگتے ہیں۔جب کہ پاؤں سب سے نیچے ہوتے ہیں مگر عزت ملے تو لوگ پاؤں پہ پگڑی رکھ دیتے ہیں۔

ایثار وہمدردی

دوسروں کو اپنے اوپر ترجیح دینا سیکھیں ۔حضرت علی رضی اللہ عنہ اور سیدہ فاطمہ رضی اللہ عنہا نے حسنین کریمین کی صحت یابی کے لئے تین دن روزے رکھنے کی نذر مانی ۔تینوں دن روزہ رکھا مگر افطاری کے وقت سائل آجاتا تو جو کچھ موجود ہوتا اسے دے دیتے ۔اللہ تعالیٰ کو یہ عمل اتنا پسند آیا کہ اس کا تذکرہ قرآن مجید میں فرمایا۔

حضرت ابو ہریرہ رضی اللہ عنہ کی روایت ہے کہ ایک مہمان آیا تو نبی کریم صلی اللہ علیہ وآلہ وسلم کے گھر میں پانی کے سوا کچھ نہ تھا۔آپ کے فرمان پر ایک انصاری صحابی رضی اللہ عنہ اسے اپنے گھر لے گئے گھر میں بچوں کے کھانے کے لئے تھوڑا سا کھانا موجود تھا۔بیوی نے بچوں کو بہلا کر سلا دیا اور سارا کھانا دسترخوان پر لگا دیا۔جب مہمان کھانے لگا تو بیوی نے چراغ ٹھیک کرنے کے بہانے اسے بجھا دیا۔صحابی رضی اللہ عنہ نے اندھیرے سے فائدہ اٹھاتے ہوئے خود کچھ نہ کھایا تاکہ مہمان خوب سیر ہوکر کھالے۔میاں بیوی نے رات بھوکے سوکر گذاری ۔اللہ تعالیٰ نے قرآن مجید میں آیات نازل فرمائی۔ وَيُؤْثِرُوْنَ عَلٰٓى اَنْفُسِهِمْ وَلَوْ كَانَ بِهِمْ خَصَاصَةٌ ''وہ اپنے نفسوں پر دوسروں کو ترجیح دیتے ہیں اگرچہ خود بھوک لگی ہو''۔

شیخ ابوالحسن انطا کی رحمۃ اللہ علیہ کے پاس شہر ''رے'' میں ۳۰ آدمی جمع ہوئے ۔پانچ آدمیوں کا کھانا موجود تھا۔جب دسترخوان لگایا گیا تو روشنی بجھادی گئی ۔ہرایک نے کم کھایا تاکہ دوسرا بھائی زیادہ کھا سکے جب روشنی جلائی گئی تو ابھی کچھ کھانا دسترخوان پر موجود تھا۔

حضرت حذیفہ رضی اللہ عنہ جنگ یرموک میں چچازاد بھائی کو پانی پلانے لگے تو ہشام بن عروہ نے آہ کی۔ بھائی نے سر کے اشارے سے کہا کہ پہلے ہشام کو پانی پلائیں جب اسے پانی پلانے لگے تو ایک اور مجاہد نے آہ کی ۔ہشام نے خود پانی نہ پیا بلکہ سر کے اشارے سے کہا کہ اس مجاہد کو پانی پلائیں ۔جب اس مجاہد کو پانی پلانے لگے تو وہ فوت ہوگیا جب ہشام کے پاس آئے تو وہ بھی فوت ہو چکے تھے ۔جب چچازاد بھائی کے پاس آئے تو وہ بھی جان جانِ آفریں کے سپرد کر چکے تھے ۔ایثار کی ایسی مثال کوئی دوسری قوم پیش نہیں کرسکتی، شیخ ابوالحسن نوری رحمۃ اللہ علیہ،شمام رحمۃ اللہ علیہ اور رقام رحمۃ اللہ علیہ کو حکومت وقت نے گرفتار کیا اور قتل کا فرمان جاری کیا۔جلاد سر اڑانے لگا تو ابوالحسن نوری رحمۃ اللہ علیہ پہلے بڑھے ۔پوچھا گیا کہ ایسا کیوں کیا تو فرمایا کہ جتنی دیر میرے قتل میں لگے گی دوسرے دو بھائی اتنے لمحے اور جی لیں گے ۔ایثار وہمدردی کی کوئی حد نہیں ،تاہم اپنی حرص کو دوسروں کے ایثار کا امتحان نہ بنانا چاہئے۔

عفوودرگزر

حضرت انس رضی اللہ عنہ سے روایت ہے کہ نبی صلی اللہ علیہ وآلہ وسلم نے فرمایا: میں نے جنت میں اونچے محل دیکھے تو پوچھا: اے جبرئیلؑ یہ کیا ہیں؟ جواب ملا جو لوگ دوسروں کی غلطیوں کو معاف کردیتے ہیں اور غصہ برداشت کرتے ہیں یہ محلات ان کے لئے ہیں۔

حضرت ابو ہریرہ رضی اللہ عنہ سے روایت ہے کہ تین باتیں لوہے کی لکیر ہیں:

۱۔ جس پر ظلم ہوا اور وہ معاف کردے تو اللہ تعالیٰ اس کی مدد کرتا ہے۔

۲۔ جو شخص مخلوق کے سامنے اپنی حاجت کے لئے ہاتھ پھیلائے اللہ تعالیٰ اس کی قلت میں اضافہ کردیتا ہے۔

۳۔ جو شخص صدقہ دے اللہ تعالیٰ اس کے مال میں برکت عطا فرماتا ہے۔

ایک روایت میں ہے کہ جو شخص دوسروں کی غلطیوں کو جلد معاف کردے گا اللہ تعالیٰ قیامت کے دن اس کے گناہوں کو جلدی معاف کردے گا۔ جو شخص دوسروں کی عیب پوشی کرے گا اللہ تعالیٰ روزِ محشر اس کی ستر پوشی کرے گا۔ جو شخص دوسروں کے عذر جلدی قبول کرے گا اللہ تعالیٰ روزِ محشر اس کے عذر جلدی قبول فرمائے گا۔

لینن گراڈ کا ریلوے اسٹیشن آنے والا ہے لہٰذا جلدی میں یہ چند الفاظ سپردِ قلم کئے ہیں۔ سمجھنے والے کے لئے تھوڑا بھی کافی ہوتا ہے اور نہ سمجھنے والے کے لئے کافی بھی تھوڑا ہوتا ہے۔

اندرون خانہ دعوات صالحات اور نیک تمنائیں۔

والسلام مع الکرام

فقیر ذوالفقار احمد نقشبندی مجددی

کان اللہ لہ عوضا عن کل شئی

☆☆☆

مولانا خلیل الرحمٰن سجاد نعمانی
ترتیب وپیشکش: خلیل الرحمٰن ندوی

اسوۂ نبوی کا ایک اہم پہلو

[مہاراشٹر کے شہر کولہاپور کے کچھ علماء واہل درد نے الفرقان کے خاص نمبر سے متاثر ہوکر ایک مخصوص اجلاس منعقد کیا جس میں تقریباً بارہ سو علماء ودانشوروں نے شرکت کی ،اس اجلاس میں حضرت مدیر الفرقان کا تفصیلی خطاب ہوا، جو ذیل میں ملخصاً پیش کیا جارہا ہے —— خلیل الرحمٰن]

حمد وصلوٰۃ اور تعوذ وبسملہ کے بعد!

لَقَدْ كَانَ لَكُمْ فِي رَسُولِ اللَّهِ أُسْوَةٌ حَسَنَةٌ لِّمَن كَانَ يَرْجُو اللَّهَ وَالْيَوْمَ الْآخِرَ وَذَكَرَ اللَّهَ كَثِيرًا ﴿٢١﴾

سُبْحَانَ رَبِّكَ رَبِّ الْعِزَّةِ عَمَّا يَصِفُونَ وَسَلَامٌ عَلَى الْمُرْسَلِينَ وَالْحَمْدُ لِلَّهِ رَبِّ الْعَالَمِينَ

اللھم صل علی سیدنا محمد و علی آل سیدنا محمد و بارک و سلم
اللھم صل علی سیدنا محمد و علی آل سیدنا محمد و بارک و سلم
اللھم صل علی سیدنا محمد و علی آل سیدنا محمد و بارک و سلم

یہ شہر کولہاپور ایک عظیم تاریخ رکھتا ہے، کمزوروں اور مظلوموں کو انصاف دلانے کی کوششوں کا ایک بہت اہم سلسلہ اسی شہر کولہاپور سے جڑا ہوا ہے۔ خدا کرے کہ کولہاپور کا یہ اجلاس کسی ٹھوس منصوبہ بند مخلصانہ اور بے لوث کوشش کو آگے بڑھانے کے لئے ایک سنگ میل ثابت ہو، ورنہ جہاں تک مسلمانوں کا تعلق ہے تو جلسوں کے لحاظ سے اس سے زیادہ مالدار قوم دنیا میں کوئی اور نہیں ہے اور جلسوں کے بعد کوئی خاص کام نہ کرنا اس میں بھی شائد کوئی ہم سے آگے نہیں بڑھ سکتا۔ آج سے تقریباً پندرہ بیس سال پہلے کی بات ہوگی کہ ایک طویل ملاقات میں، جو چھ گھنٹوں تک یا اس سے بھی زیادہ چلی تھی جس میں اس عاجز کے ساتھ مسلم پرسنل

لاء بورڈ کے نائب صدر اور ملی کونسل کے سینئر رکن ڈاکٹر سید کلب صادق بھی موجود تھے، ملک کے ایک مشہور لیڈر نے کہا تھا:

> ''آپ لوگوں کو تقریر کرنے کا جوفن آتا ہے، اگر ہمیں آتا ہوتا تو اب تک ہم بھارت کا نقشہ بدل چکے ہوتے، مگر میں دیکھتا ہوں کہ آپ کی تقریروں کا کوئی ٹھوس نتیجہ نہیں نکلتا۔ ہم تو اگر کسی گاؤں میں گرام پنچایت کی زمین پر گاؤں والوں کو اکٹھا کر کے صرف آدھے گھنٹے کا بھی بھاشن دیتے ہیں تو گاؤں میں اپنا سنگٹھن بنائے بغیر آگے نہیں بڑھتے۔''

خدا کرے ہمارا آج کا یہ اجلاس کسی ٹھوس اور ایک لمبی جدو جہد کا نقطۂ آغاز ثابت ہو۔ سب سے پہلے میں اپنے اور آپ کے اس ایمان کو تازہ کرنا چاہتا ہوں کہ ہم نے جس ہستی کو اللہ کا نبی اور رسول مانا، رحمۃ للعالمین مانا، اس عظیم ہستی کو ہم نے زندگی کے تمام شعبوں میں مکمل ترین رہبر کی حیثیت سے مانا ہے، چنانچہ عبادت کرنے کا طریقہ ہم انہیں سے سیکھتے ہیں اور سیکھیں گے، روحانی ترقی کے راستے کے ساتھ ساتھ ملک و ملت کے تحفظ کا راستہ، مظلوموں کو انصاف دلانے کا راستہ اور انصاف کا نظام قائم کرنے کا راستہ بھی ہم انہیں سے سیکھیں گے۔ اگر یہ اور قوموں کی مجبوری ہو کہ وہ کسی سے روحانیت سیکھتے ہوں، کسی سے پوجا پاٹ کا طریقہ سیکھتے ہوں اور کسی سے سیاسی وسماجی سرگرمیاں سیکھتے ہوں تو یہ اور قوموں کی مجبوری تو ہوسکتی ہے لیکن مسلمانوں کے لئے یہ حرام ہے۔ میں لفظ حرام علماء کی مجلس میں بول رہا ہوں، مسلمانوں کے لئے حرام ہے کہ وہ زندگی کے کسی بھی میدان میں کسی اور کو اپنا آئیڈیل اور رہبر بنائیں، لیکن افسوس یہ ہے کہ ہم میں سے بہت سے لوگ ان سے نماز پڑھنے کا طریقہ تو سیکھتے ہیں، ذکر، دعا، تلاوت اور عبادات ومناجات کا طریقہ تو سیکھتے ہیں اور یہ اچھی بات ہے لیکن ہم محمد صلی اللہ علیہ وآلہ وسلم سے سماجی انصاف قائم کرنے کے طور طریقوں کو نہیں سیکھتے، گویا ہم نے جانے یا انجانے میں ان کو مکمل رہبر ابھی تک نہیں مانا، یا یوں کہہ لیجئے کہ اس سلسلہ میں ان کی سیرت اور تعلیمات سے ملنے والی رہنمائی کو نہیں جانا۔ اور جب ہم خود نہیں جانتے تو دوسرے مظلوم طبقوں کے دردمند اور خدمت گذاروں کو کیا پتا کہ محمد رسول اللہ صلی اللہ علیہ وآلہ وسلم سماجی انصاف کے لئے کیا رہنما خطوط دے کر گئے ہیں، انہیں کیا معلوم؟ انہیں اتنا معلوم ہے کہ مسلمانوں کے ایک پیغمبر ہیں محمد رسول اللہ صلی اللہ علیہ وآلہ وسلم۔ اور چونکہ وہ اچھے لوگ ہیں اس لئے وہ ان کا احترام کرتے ہیں، آج شائد پہلی مرتبہ اتنی بڑی تعداد میں مجلس علماء کولہا پور کی دعوت پر جواں عمر اور جواں ہمت علماء کی اتنی بڑی تعداد اس مقصد کے لئے جمع ہے اس لئے میں یہ کوشش کروں گا کہ پہلے

میں یہ بتاؤں کہ رحمت دو عالم صلی اللہ علیہ وآلہ وسلم کی سیرت سے اس سلسلہ میں ہم کو کیا اشارے ملتے ہیں، میں صرف اشارے پیش کرسکوں گا۔

مکہ میں قریش کا تسلط

جس ملک میں آپ بھیجے گئے اس ملک کے رہنے والے تقریباً ۹۹ فیصد لوگ مورتی پوجا کرتے تھے، لیکن اس کے باوجود یہ سو فیصد سچی بات ہے کہ وہ سب ایک نہیں تھے وہ الگ الگ قبیلوں اور برادریوں میں بٹے ہوئے تھے، جس طرح ہمارے ملک میں الگ الگ برادریاں اور الگ الگ کاسٹ ہیں، ٹھیک یہی صورت حال جزیرۃ العرب کی تھی (ہم بھارت کے رہنے والوں کو جزیرۃ العرب کی صورت حال کو سمجھنے میں جتنی آسانی ہونی چاہئے اتنی شائد دنیا میں کسی اور جگہ سیرت کا مطالعہ کرنے والوں کو نہیں ہونا چاہئے)۔ چنانچہ علماء اور دانشور حضرات خاص طور پر غور کریں کہ رحمت دو عالم سیدنا محمد رسول اللہ صلی اللہ علیہ وآلہ وسلم نے ان سب کے ساتھ یہ معاملہ نہیں کیا کہ یہ سب کی سب مورتی پوجا کر رہے ہیں اس لئے یہ سب کی سب ایک قوم ہیں، بلکہ انہوں نے اس بات کو اچھی طرح سمجھا کہ یہ تمام قبیلے الگ الگ ہیں، اسی لئے الگ الگ قبیلوں سے آپ نے الگ الگ معاملہ کیا بلکہ اس سے پہلے آپ نے مکہ میں یہ کیا کہ مکہ میں قریش کا جو سیاسی نظام چل رہا تھا آپ نے نہ اس کو غلط کہا اور نہ یہ کہا کہ ہم اس کو نہیں مانتے اور نہ ان کے خلاف ہتھیار لیکر کھڑے ہوئے، اور پہلے ہی دن سے اس معاشرے کے خلاف انقلاب برپا کرنے کا نعرہ نہیں دیا جو ظلم پر مبنی اور صحیح بنیادوں پر قائم نہیں تھا، جس میں عام انسانوں کی رائے کا کوئی احترام نہیں تھا، بلکہ یہ کہا جاسکتا ہے کہ **"جس کی لاٹھی اس کی بھینس"** یہ سسٹم چل رہا تھا مگر آپ نے ایک زبردست حکمت عملی اختیار کرتے ہوئے آپ نے تسلیم کیا کہ قریش جزیرۃ العرب کی اس وقت وہ طاقت ہے خاص طور پر مکہ کی جس کے سسٹم کے ساتھ ڈیل کرتے ہوئے اسی کے اندر سے ہم کو انصاف کے قائم کرنے کے راستے نکالنے پڑیں گے۔ ڈیل کرنے یا تسلیم کرنے کا یہ مطلب نہیں کہ آپ نے اس کی زیادتیوں کی طرف سے آنکھیں بند کرلیں اور یہ تمنا کرنا چھوڑ دی کہ اس سسٹم میں جتنی باتیں انصاف کے خلاف ہیں وہ نکل جائیں، اور جو انصاف کی کمی ہے وہ اس میں آجائے۔ یہ تمنا کرنا ہی آپنے چھوڑ دیا، تسلیم کرنے کا یہ مطلب نہیں تھا۔ اور انصاف کی کمی کو دور کرنے کا یہ مطلب بھی نہیں تھا کہ آپ پہلے ہی دن سے ہتھیار لیکر اس کے پیچھے پڑ جاتے، یہ غلطی آپ نے نہیں کی، بلکہ آپ نے کیا کیا؟ آپ نے اسی ماحول میں رہتے ہوئے اور اپنا اصل کام دلوں کی تبدیلی کی محنت کرتے ہوئے آپ نے اس حقیقت پر بھی نظر رکھی کہ جب تک مکہ مکرمہ اور

جزیرۃ العرب پر سے قریش کا وہ تسلط کمزور نہیں پڑے گا، وہ ہمہ گیر تبدیلی جو جزیرۃ العرب میں آپ لانا چاہتے تھے وہ نہیں آسکے گی۔ لیکن اس کے لئے ایک طویل جدوجہد درکار ہوگی، چنانچہ آپ نے اپنی مکی زندگی میں قریش کو نہ تو للکارا اور نہ ان کے سسٹم کو پوری طرح نظر انداز کیا۔ اور یہ آپ کے اسی طرزِ عمل کا نتیجہ تھا کہ آپ نے ان کے نسبتۃً کشادہ دل لیڈروں کی حمایت یا پناہ قبول کی۔ اور جب ابوطالب کی وفات کے بعد مکہ میں بظاہر اس کا کوئی امکان آپ کو نظر نہ آیا تو آپ نے طائف کا سفر کیا، طائف کے انتخاب کی ایک وجہ یہ نظر آتی ہے کہ طائف میں بھی قریش کا اقتدار تھا۔ اور پھر جب طائف میں بھی آپ کو وہ حمایت نہ ملی، بلکہ طائف میں تو وہ ہوا جواب تک آپ کے ساتھ مکہ میں بھی نہیں ہوا تھا، پھر آپ مکہ واپس آئے اور واپسی کے موقع پر مکہ کے ایک لیڈر مطعم بن عدی کی حمایت آپ کو حاصل ہوگئی، اور آپ نے اس کی حمایت قبول کی —— آپ کے اس طرزِ عمل سے ہمیں سیکھنا چاہئے کہ تمام تر اعتماد وتوکل اللہ کی ذات سے وابستہ کرنے کے ساتھ ساتھ ہمیں اسباب کے طور پر وقت کے سیاسی نظام سے ڈیل کرتے ہوئے قدم بہ قدم آگے بڑھنے کا طریقہ اپنانا ہوگا۔

میثاق مدینہ

بالآخر وہ وقت آیا کہ آپ نے اپنی جدوجہد کا مرکز مکہ مکرمہ سے مدینہ منورہ منتقل کرنے کا فیصلہ کیا اور آپ خود بھی ہجرت کرکے مدینہ آگئے، یہاں آکر آپ نے بالکل شروع کے دور میں بہت اہم قدم یہ اٹھایا کہ مدینہ میں موجود مختلف قبیلوں اور مختلف سماجی اکائیوں کے لیڈروں کی ایک میٹنگ بلائی۔ اس میٹنگ میں آپ نے تمام شرکاء کے سامنے اس مسئلہ پر غور کرنے کی تجویز رکھی کہ مدینہ میں ہم سب ایک پُرامن معاشرہ کیسے قائم کرسکتے ہیں۔ اور غور وفکر کے بعد ایک معاہدے پر سب نے دستخط کئے، جس کی رو سے سب الگ الگ سماجی اکائیوں میں رہتے ہوئے ایک امت بن کر رہنے پر راضی ہوئے اور ایک مشترکہ پروگرام پر اتفاق رائے ہوا، اور آپ کو سب نے اپنا بڑا اور مرجع بھی تسلیم کرلیا، یہاں یہ بھی ذہن میں رکھیئے گا کہ اگرچہ ان لوگوں میں مشرکین اور یہودی بھی تھے مگر آپ نے ان کی مذہبی شناخت کے بجائے ان کی قبائلی وسماجی شناخت کو اصل قرار دے کر ان کی الگ الگ سماجی اکائیوں کو معاہدے کی بنیاد قرار دیا، اور امن وانصاف کے قیام کے لئے سب کو ساتھ لے کر ایک منصوبہ بند اور مرحلہ وار جدوجہد کا آغاز کیا۔

کوئی کہنا چاہے تو کہہ سکتا ہے کہ آپ نے جو پہلا کام کیا وہ سماجی ایکتا کا قیام تھا سماجی انصاف کی طرف قدم اٹھانے سے پہلے آپ نے سماجی ایکتا قائم کی، الگ الگ اکائیاں ایک دوسرے سے دور رہ کر سماجی انصاف

قائم نہیں کرسکتیں پھر آگے چل کر یہ بھی کرنا پڑتا ہے کہ سماجی انصاف کے راستے میں جو بظاہر چالاک قسم کے لوگ اس میں رکاوٹ ڈالتے ہیں ان سے مقابلہ بھی کرنا پڑتا ہے اور بہت سمجھداری اور عقلمندی کے ساتھ ان کی چالوں کا جواب چالوں سے دینا پڑتا ہے یہ بات بھی نوٹ کرنے کی ہے کہ یہ جو اس وقت کی سیاست ہے یہ چالوں سے چلتی ہے۔حال ہی میں شائع ہونے والے الفرقان کے خاص نمبر میں آپ لوگوں نے دیکھا ہوگا کہ اس کے سرورق پر شطرنج کی بساط دکھائی گئی ہے یہ خالی فنکاری نہیں ہے اس میں بتایا گیا ہے کہ چالوں کا جواب چالوں سے دیا جاتا ہے لیکن آج کا مسلمان شطرنج کا جواب کشتی سے دینا چاہتا ہے۔

کاش کہ ہم رسول اللہ صلی اللہ علیہ وآلہ وسلم کی سیرت سے یہ بھی سیکھتے کہ آپ نے اپنی مخلصانہ جدوجہد کے راستے میں کیسی کیسی تدبیروں سے کام لیا ہے؟ غزوہ خندق کے موقع پر جب کہ امن وانصاف کے دشمن متحدہ محاذ بنا کر حملہ آور ہوئے تھے آپ نے اس محاذ کو کمزور کرنے لئے صرف طاقت کا نہیں، عقل، حکمتِ عملی، اور حسن تدبیر کا کس قدر کامیاب استعمال کیا؟ تھوڑی سی تفصیل بھی سن لیجئے:

آپ اکیلے بیٹھے ہوئے کچھ سوچ رہے تھے بلکہ یہ کہنا غلط نہ ہوگا کہ آپ اپنے اللہ سے لو لگائے ہوئے ہوں اور کہہ رہے ہوں کہ اللہ آپ دشمن کو کمزور کرنے کے لئے کوئی اور بھی راستہ کھول دیجئے اتنے میں ایک شخص آیا آکر سلام کیا اور کہا کہ محمد میں آپ کا ہو چکا ہوں مگر میری قوم ابھی یہ بات نہیں جانتی اس پر آپ نے فرمایا کہ انت الرجل تم ہی تو ہو ایسا لگ رہا تھا کہ آپ اپنی پوری روحانی توجہ کے ساتھ اللہ سے کوئی ایسا بندہ مانگ رہے تھے جو اس موقع پر دشمن کی طاقت کو کمزور کرنے کا کام کر سکے۔ چنانچہ آپ نے کہا کہ فلاں فلاں جو قومیں اکٹھا ہو گئی ہیں تم ان میں انتشار پیدا کر سکتے ہو؟ انہوں نے کہا میں کرسکتا ہوں میرے دونوں سے بہت اچھے تعلقات ہیں آپ نے فرمایا جاؤ، وہ چند قدم آگے بڑھے اور واپس آئے اور کہا حضور ایک بات پوچھنا چاہتا ہوں وہ یہ کہ اس کام کو کرنے کے لئے مجھے جھوٹ بھی بولنا پڑسکتا ہے تو آپ نے فرمایا **الحرب خدعه**" (جنگ میں دھوکا دینا جائز ہے) وہ صاحب مطمئن ہو گئے کہ بس فتویٰ مل گیا، مختصر یہ کہ وہ گئے اور انہوں نے ان سے کچھ کہا اور ان سے کچھ، اس طرح سے دونوں کے درمیان جو اتحاد تھا وہ کمزور پڑ گیا، یہ صرف اس لئے سنا رہا ہوں کہ اپنے عظیم رہبر محمد رسول اللہ صلی اللہ علیہ وآلہ وسلم کو پہچانئے "**ادخلوا فی السلم کافة**" جب آپ حضور صلی اللہ علیہ وآلہ وسلم کی شخصیت کو ہر پہلو سے پہچانیں گے تب آپ کو قرآن کو سنت کی روشنی میں ان حالات میں کام کرنے کی شاندار رہنمائیاں ملیں گی کسی قسم کی آپ کو کوئی پریشانی کبھی نہیں ہوگی۔

حضرات ضرورت ہے کہ ہم اپنے ملک میں انصاف کے قیام کی جدوجہد ، اسوۂ نبوی صلی اللہ علیہ وسلم سے ملنے والی رہنمائی کی روشنی میں کریں ، ہمارے ملک کی آبادی کی اکثریت ، مختلف سماجی اکائیوں اور قبیلوں پر مشتمل ہے ۔ ابھی آپ نے ملک کے ایک اہم لیڈر کی تقریر میں دلائل کے ساتھ یہ بات سنی کہ اس ملک کے شیڈول کاسٹ ، شیڈول ٹرائب اور بیک ورڈ کلاس کے لوگ ہندو نہیں ہیں ۔۔۔۔۔۔۔۔۔ ان کو چالاک برہمنوں نے ہندو بنا رکھا ہے ، یہ بہت ہی اہم بات ہے ۔ ہم مسلمان اس ملک کے اصلی تانے بانے سے واقف نہیں ہیں ۔ اب ضرورت ہے کہ ہم اس ناواقفیت سے نکلیں ۔ اور ملک کے تمام مظلوم طبقات جن کی اکثریت ہے ان کے درمیان ایک محتاط اور منصوبہ بند اشتراکِ عمل ہو۔

امید ہے کہ آنے والے دنوں میں ملک میں ایک ایسی جدوجہد آگے بڑھے اور آپ کا یہ اجلاس اس جدوجہد کے سلسلے میں ایک اہم سنگِ میل ثابت ہو۔

وآخر دعوانا ان الحمد للہ رب العالمین

☆☆☆

جناب نظیف الرحمٰن سنبھلی

مولانا محمد منظور نعمانی رحمۃ اللہ علیہ کا اسلوب بیان

اردو ادب کو اتنا محدود کر دیا گیا ہے کہ اس میں شعر و شاعری، ناول افسانے اور کچھ ایسی ہی اصناف جگہ پاسکی ہیں۔ حالانکہ ادب تاریخی، دینی، مذہبی، معاشی اور اقتصادی سب ہی طرح کی نگارشات کو محیط ہے۔ مگر ہمارے اردو ادیبوں کا موضوع زیادہ تر شعر و شاعری، ناول، افسانے یا بہت کیا تو تذکرے اور سوانح تک محدود رہتا ہے۔ حالانکہ یہ رویہ ترقی یافتہ زبانوں کے لئے مضر ہوتا ہے، اس لئے کہ اس رویہ سے زبان کا دائرہ تنگ ہو جاتا ہے۔ ہمارے سابق ادیب جو اردو زبان و ادب کے ستون کہلاتے ہیں جیسے سرسید، حالی، شبلی، عبدالحق وغیرہ کا تو یہ رویہ نہ تھا۔ ان بزرگوں کا تحریری سرمایہ ہمارے ادب کا بہترین حصہ ہے۔ جس میں تنوع ہے۔ ان ہستیوں نے اردو زبان کی جو خدمت کی اور اسے جو اسلوب دیا، اسی سے ہماری زبان اس لائق ہوئی کہ اس میں سنجیدہ مضامین لکھے جاسکیں۔ ان ہی بزرگوں کی بدولت آج اردو ترقی یافتہ زبانوں کی صف میں کھڑی نظر آتی ہے۔

آج ہم جدید دور میں سفر کر رہے ہیں، اس لئے ہمارے فکر و نظر میں وسعت ہونی چاہئے۔ ہمیں ادب کے دائرے کو وسیع تر کرنا چاہئے۔ ادب کو کچھ خاص موضوعات کے دائرے میں محدود کر کے نہ ہم زبان کے ساتھ انصاف کر سکتے ہیں اور نہ ادب ہی کی کوئی خدمت کر سکتے ہیں۔ بلاشبہ شعر و شاعری بھی ادب ہے اور ناول، افسانے وغیرہ بھی۔ اگر ہم ان ہی اصناف تک ادب کو محدود کرتے ہیں تو ان سے زبان و ادب کا دائرہ تنگ ہو جائے گا۔ لہٰذا اس امر پر غور کیا جانا چاہئے کہ ایسی تحریریں جو شعر و شاعری اور ناول، افسانے کے سوا ہیں مثلاً دینی و مذہبی ادبیات۔ یہ ادبیات زبان و بیان کے لحاظ سے کہاں تک ادبی معیار کے مطابق

ہیں، اس کے لئے پہلے ہمیں ادب کی تعریف کرنی ہوگی۔ آخر ادب کسے کہتے ہیں۔ ادب یہی تو ہے کہ کسی خیال کو ایسے سہل اور دل آویز اسلوب میں ادا کر دینا جس سے خیال پوری طرح واضح ہوجائے اور قاری مصنف کے مطلب اور مدعا کو آسانی سے سمجھ لے۔ جب ادب کی تعریف یہ ٹھہری تو اس کا مطلب یہ ہوا کہ کسی تحریر کے ادبی ہونے نہ ہونے کا معیار مصنف کے اسلوب یا طرز نگارش پر ہوتا ہے۔

جان۔ٹی۔ پلیٹس کی اردو کلاسیکی ہندی اور انگریزی ڈکشنری کے مطابق اسلوب کے معنیٰ Way of Writing ہیں، لیکن انگریزی نثر نگار گبن اسلوب کو کردار یا شخصیت کا عکس کہتا ہے۔ اگر اس تعریف کو تسلیم کرلیا جائے تو اس کا مطلب ہوگا کہ اسلوب محض لکھنے کا (Way of Writing) طریقہ نہیں ہوتا، بلکہ اس کے اندر شخصیت کے ذاتی اوصاف بھی آجاتے ہیں۔ مثلاً شخصیت کے ذوق ورجانات، اس کی پسند وقبول، اس کا جذبۂ جہد وعمل اور غیر معمولی کام کرنے کا جوش، جو فطرت کی طرف سے اس کے اندر ودیعت کیا ہوتا ہے، وغیرہ اوصاف بھی اس میں شامل ہوتے ہیں۔ اس کی تشریح یوں کی جاسکتی ہے کہ شخصیت سادگی پسند ہے یا شکوہ اور شکوک اس کے مزاج کا حصہ ہیں۔ یا اس کی طبیعت میں افسردگی، پژمردگی جیسی نفسیاتی کیفیات کے اجزا شامل ہیں یا غیر معمولی کام کرنے کا جوش اور جذبہ اس کی طبیعت میں فطرت نے ودیعت کیا ہے۔

مولانا محمد منظور نعمانیؒ نے مذہبی، اصلاحی، قومی، ملی، تعلیمی اور اجتماعی، غرض کہ ہر محاذ پر ملت کی فلاح وبہود کے لئے کام کیا، ان کی تمام زندگی عمل سے عبارت تھی۔ جس کی چھاپ ان کی تقریر ہو یا تحریر ہر جگہ نمایاں ملے گی۔ ان کا ہر کام خلوص اور اخلاص پر مبنی ہوتا تھا۔ مجموعی طور پر ان کی شخصیت کو اگر قلمی آئینہ میں دیکھنا ہو تو مولانا ضیاء الدین اصلاحی مدیر ''معارف'' اعظم گڑھ کے ان الفاظ کے آئینہ میں دیکھ سکتے ہیں۔ وہ لکھتے ہیں:

> ''مولانا ایک عالم ومصنف اور صاحب اسلوب وعرفاں بزرگ ہی نہ تھے بلکہ زمانے کے نبض شناس، وقت کے تقاضوں اور حالات سے باخبر اور عاقبت بیں بھی تھے۔۔۔ وہ مذہبی، اصلاحی، قومی، ملی، تعلیمی اور اجتماعی جدوجہد کے ہر محاذ پر سرگرم اور متحرک دکھائی دیتے تھے۔ انہیں مسلمانوں کی موجودہ پستی وزبوں حالی کا پوری طرح احساس تھا اور وہ اس کے ازالے کے لئے نہایت فکرمند بھی رہتے تھے۔ آزاد ہندوستان میں جن مسائل نے مسلمانوں کی زندگی تلخ اور مکدر کر رکھی تھی، ان پر شور وغوغا مچانے والے، لچھے دار باتیں اور دھواں دھار تقریریں کرنے اور پرجوش تحریریں لکھنے والے بہت سارے لوگ ہیں لیکن ان پر مولانا

کی طرح تڑپنے، بے چین ہوجانے، درد و کرب اور خلش و اضطراب میں مبتلا ہونے والے بہت کم لوگ ہیں۔ وہ مسلمانوں کی فلاح و بہبود کے لئے دعا و مناجات میں بھی مصروف رہتے تھے اور ملک کے گوشہ گوشہ کی خاک بھی چھانتے رہتے تھے۔۔۔۔۔۔'' (بحوالہ: ماہنامہ الفرقان، اشاعت خاص ۱۹۹۸ء)

تمہید ذرا طویل ہوگئی۔ مگر مولانا محمد منظور نعمانیؒ اور ان کے اسلوب کے بارے میں قارئین کو روشناس کرانے کے لئے یہ ضروری بھی تھی۔ مولانا محمد منظور نعمانی (1906-1997) مشہور مصنف تھے۔ قریب ۷۰ سال تک تصنیفی کام کرتے رہے۔ اس طویل مدت میں انہوں نے ہزاروں صفحات ''ماہنامہ الفرقان'' میں لکھے، اس کے علاوہ متعدد کتابیں لکھیں، جن کی فہرست مولانا عتیق الرحمٰن سنبھلی کی کتاب ''حیات نعمانی'' میں دی ہوئی ہے، مولانا نعمانیؒ کے تصنیفی کام کے دو دور ہیں۔ پہلے دور میں انہوں نے سیف یمانی'' اور ''بوارق الغیب''، جیسی علمی اور تحقیقی کتابیں لکھیں۔ باقی کتابیں دوسرے دور میں تصنیف ہوئیں۔ ان کی جن کتابوں کو بہت مقبولیت حاصل ہوئی، وہ ہیں ''اسلام کیا ہے؟'' ''دین و شریعت''، ''قرآن آپ سے کیا کہتا ہے''، اور ''معارف الحدیث'' (آٹھ جلدوں میں)۔ یہ چاروں کتابیں عوام و خواص دونوں کے لئے لکھی گئی ہیں۔ اس لئے ان کتابوں میں عام فہم زبان استعمال کی گئی ہے۔ اسلوب بیان ایسا ہے کہ پڑھنے والے مصنف کی مدعا کو آسانی سے سمجھ سکیں۔

مولانا نعمانیؒ نے ان کتابوں کی تصنیف میں جو آسان اسلوب اپنایا، اس کی وجہ یہ تھی کہ وہ چاہتے تھے کہ اسلام اور پیغمبر اسلام کا پیغام ہر جگہ اور ہر گھر تک پہونچ جائے۔ حالانکہ مذکورہ بالا چاروں کتابوں کی تصنیف سے پہلے وہ مولانا ابوالکلام کے انداز میں لکھتے رہتے تھے۔ جیسا کہ مولانا کے مضمون ''ربیع الاول اور مسلمانوں کا طرزِ عمل'' کے مندرجہ ذیل اقتباس سے ظاہر ہے:

''میں تم سے کہتا ہوں اور اللہ کی قسم محض تمہاری خیر خواہی کے لئے کہتا ہوں کہ تم اپنی ان رسمی مجلسوں کی آرائش سے پہلے اپنے اجڑے ہوئے دل کی خبر لو اور قندیلوں کے روشن کرنے کے بجائے اپنے قلوب کو نور ایمان سے منور کرنے کی فکر کرو۔۔۔۔۔۔ تم اغیار کی تقلید میں نقلی پھولوں کے گلدستے سجاتے ہو مگر تمہاری حسنات کا جو گلشن اجڑ رہا ہے اس کی حفاظت اور شادابی کا کوئی انتظام نہیں کرتے، تم ربیع الاول کی برکتوں اور رحمتوں کا تصور کر کے مسرتوں کے ترانے گاتے ہو لیکن اپنی اس بربادی پر ماتم نہیں کرتے کہ تمہارا خدا تم سے روٹھا ہوا ہے، اس نے تمہاری بد

اعمالیوں سے ناراض ہوکر اپنی دی ہوئی نعمتیں تم سے چھین لی ہیں ،تم آقا سے غلام، حاکم سے محکوم ،غنی سے مفلس ،زردار سے بے زر بلکہ بے گھر ہو چکے ہو ۔تمہارے ایمان کا چراغ ٹمٹمار ہاہے اور تمہارے اعمال صالح کا پھول مرجھار ہاہے اور غضب بالائے غضب یہ ہے کہ تم غافل ہو"۔(بحوالہ: ماہنامہ الفرقان، ربیع الاول ۱۳۵۵ھ)

مگر ۱۹۴۷ء میں ملک کی تقسیم کے بعد انہیں محسوس ہوا کہ ہندوستان میں اب مسلمانوں کا جوطبقہ رہ گیاہے وہ زیادہ تر بے پڑھا لکھا یا کم تعلیم یافتہ ہے۔اس طرح انہوں نے مولانا آزاد کے طرز نگارش کو ترک کر دیا اور پھر ایسا انوکھا اسلوب اپنایا جس کے وہ خود موجد اور خاتم کہے جاسکتے ہیں۔

چونکہ مولانا نعمانیؒ کی طبیعت سادگی پسند واقع ہوئی تھی ۔تکلف اور تصنع ان کے یہاں نام کو نہ تھا، اس لئے سادہ اور عام فہم زبان لکھنے میں انہیں کوئی دشواری نہیں ہوئی ۔ویسے بھی وہ کہتے تھے کہ میں جو بولتا ہوں وہی لکھتا بھی ہوں۔کسی بھی مصنف کے اندر اس صفت کا ہونا ایک غیر معمولی بات ہوتی ہے۔اس کی گواہ ان کی تحریریں اور تقریریں بھی ہیں جو الفرقان کے مختلف شماروں میں شائع ہوتی رہی ہیں ۔اس کے علاوہ ان کی تصانیف ان کی سادہ نگاری کی غماز ہیں۔

اوپر "اسلام کیا ہے؟"،"دین وشریعت"،"قرآن آپ سے کیا کہتا ہے" اور"معارف الحدیث" کتابوں کے نام آچکے ہیں، یہ کتابیں لکھنے سے مولانا نعمانی کی غرض وغایت یہ تھی کہ خدا کے بندوں تک اسلام اور پیغمبر اسلام کا پیغام اس انداز میں پہونچایا جائے کہ اسے کم تعلیم یافتہ اور ناتعلیم یافتہ بھی آسانی سے سمجھ سکیں۔نیز انہیں مسلمان ہونے کے تقاضوں کا علم بھی بے کم وکاست ہوجائے ۔ظاہر ہے اس مقصد کے لئے تکلف اور تصنع سے پاک اسلوب بیان ضروری تھا۔اس لئے انہوں نے بہت صاف ستھرے اور دل نشیں انداز میں اسلام کی دعوت، اپنی تصانیف کے ذریعہ عوام وخواص تک پہونچائی۔اپنے مقصد میں وہ کہاں تک کامیاب ہوئے ، یہ ان کی کتابوں کی مقبولیت سے عیاں ہے۔آج ان کی کتابیں ہندو بیرون ہند تک پھیلی ہوئی ہیں اور ان سے عوام وخواص فائدہ اٹھارہے ہیں۔

بات کہاں سے کہاں پہونچ گئی ۔ہم ذکر کررہے تھے مولانا نعمانیؒ کے اسلوب بیان کا۔ان کا اسلوب ان کی شخصیت کا آئینہ دار ہے، جس کے دریچہ سے ان کا تقویٰ اور اشاعت دین کے لئے ان کا خلوص اور للٰہیت جیسے ذاتی اوصاف صاف نظر آتے ہیں ۔کہا جاسکتا ہے کہ ان ہی اوصاف کی بنا پر ان کی کتابوں کو مقبولیت ملی۔ دراصل اپنے سادہ اور دل نشیں اسلوب کے ذریعہ وہ قاری کو اپنا گرویدہ بنا لیتے ہیں ۔جب قاری ان کی تصنیف

پڑھتا ہے تو ان کا اسلوب اسے اپنی گرفت میں رکھتا ہے اور قاری کتاب تمام کر کے ہی دم لیتا ہے۔

مولانا نعمانیؒ کے اسلوب بیان کی یہ خصوصیت ہے کہ وہ عمیق سے عمیق بحث میں بھی نہایت سلیس زبان استعمال کرتے ہیں۔ ان کے جملے نہ زیادہ طویل اور نہ زیادہ چھوٹے ہوتے ہیں۔ موضوع کیسا ہی کیوں نہ ہو، علمی ہو، تاریخی ہو، تحقیقی ہو، تنقیدی ہو یا قرآن وحدیث کی تفسیر وتشریح سے متعلق ہو ان کے عام اسلوب میں فرق نہیں آتا۔ وہ اپنے مافی الضمیر کو اس طرح حیطۂ تحریر میں لاتے ہیں کہ اس کا کوئی گوشہ تشنہ نہیں رہتا۔ اگر کسی بحث میں مثال پیش کرتے ہیں تو اسے بھی اس طرح فٹ کر دیتے ہیں کہ وہ اصل متن اور موضوع سے بے تعلق نہیں معلوم ہوتی۔ ان کے اسلوب میں ناہمواری نہیں ہوتی، گرامر کے اعتبار سے ان کے جملے اور ترکیبیں چست ہوتی ہیں۔ اور روزمرہ تو ان کی تحریر کی خصوصیت ہے ہی۔

ان کے پہلے دور کی تصانیف ہمیں دستیاب نہیں ہیں۔ لہٰذا دوسرے دور کی تصانیف جو مندرجہ ذیل ہیں کے تناظر میں ہم جائزہ لینے کی کوشش کریں گے کہ ان تصانیف میں مولانا نے جو طرز نگارش اپنایا ہے وہ کہاں تک ان کی شخصیت کا آئینہ دار ہے۔

دوسرے دور کی تصانیف

۱۔ اسلام کیا ہے؟ ۲۔ دین وشریعت ۳۔ قرآن آپ سے کیا کہتا ہے ۴۔ معارف الحدیث

''اسلام کیا ہے؟'' کم تعلیم یافتہ اور ناتعلیم یافتہ لوگوں کے لئے لکھی گئی ہے۔ اس کی زبان سادہ اور سلیس ہے۔ مولانا نعمانی نے اس کتاب کو سادہ اور عام فہم بنانے کے لئے خاص طور پر اہتمام کیا۔ اس اہتمام کے بارے میں مولانا عتیق الرحمٰن سنبھلی صاحب لکھتے ہیں:

> ''اس درجہ کی عام فہمی کا اطمینان کرنے کے لئے آپ نے یہاں تک کیا کہ جو لکھتے وہ اہلیہ کو سناتے، جو معمولی تعلیم یافتہ تھیں، جو لفظ ان کے فہم سے بالاتر پاتے اسے کسی آسان تر لفظ سے بدل دیتے۔'' (بحوالہ: حیات نعمانی)

پوری کتاب اس عمل سے گذری اور جب اس کے آسان ترین ہونے کا اطمینان کرلیا تب کہیں جا کر شائع ہوسکی۔ اسلام کیا ہے'' کے آسان اور سلیس ہونے کا اندازہ کتاب کے مندرجہ ذیل اقتباسات سے لگایا جاسکتا ہے:

> ا۔ ''بھائیو! اتنی بات تو آپ سب جانتے ہوں گے کہ اسلام کسی قوم اور ذات برادری کا نام نہیں

ہے کہ اس میں پیدا ہونے والا ہر آدمی آپ سے آپ مسلمان ہو اور مسلمان بننے کے لئے اس کو کچھ نہ کرنا پڑے جس طرح شیخ یا سید خاندان میں پیدا ہونے والا ہر بچہ خود شیخ یا سید ہو جاتا ہے، اور اس کو شیخ یا سید کے لئے کچھ نہیں کرنا پڑتا۔ بلکہ اسلام نام ہے اس دین کا اور اس طریقہ پر زندگی گذارنے کا جو اللہ کے سچے رسول صلی اللہ علیہ وسلم اللہ تعالیٰ کی طرف سے لائے تھے اور جو قرآن شریف اور رسول اللہ صلی اللہ علیہ وسلم کی حدیثوں میں بتلایا گیا ہے۔ پس جو کوئی اس دین کو اختیار کرے اور اس طریقے پر چلے وہی اصلی مسلمان ہے، اور جو لوگ نہ اس دین کو جانتے ہیں اور نہ اس پر چلتے ہیں وہ اصلی مسلمان نہیں ہیں ۔۔۔ پس معلوم ہوا کہ اصلی مسلمان بننے کے لئے دو باتوں کی ضرورت ہے۔'' (بحوالہ: ''اسلام کیا ہے'' صفحہ ۱۳)

۲۔ ''یہاں تک جن طبقوں کے حقوق کا بیان کیا گیا، یہ سب وہ تھے جن سے آدمی کا کوئی خاص تعلق اور واسطہ ہوتا ہے، خواہ قرابت ہو یا پڑوس یا سنگ ساتھ، لیکن اسلام نے ان کے علاوہ تمام کمزور طبقوں اور ہر طرح کے حاجت مندوں کا بھی حق مقرر کیا ہے اور جو لوگ کچھ قدرت اور حیثیت رکھتے ہیں ان پر لازم کیا ہے کہ وہ ان کی خبر گیری اور خدمت کیا کریں اور اپنی دولت اور اپنی صلاحیتوں میں ان کا بھی حق اور حصہ سمجھیں۔ قرآن شریف میں بیسوں جگہ اس کی تاکید اور ہدایت فرمائی گئی ہے کہ یتیموں، مسکینوں، مفلسوں، مسافروں اور دوسرے حاجتمندوں کی خدمت اور مدد کی جائے، بھوکوں کے کھانے اور ننگوں کے کپڑوں کا انتظام کیا جائے وغیرہ وغیرہ۔'' (بحوالہ: ''اسلام کیا ہے؟'' صفحہ ۸۹-۹۰)

دیکھا آپ نے کتنی عام فہم اور سہل ہے مولانا نعمانی کی نثر۔ اگر کسی بے پڑھے لکھے آدمی کو بھی کتاب پڑھ کر سنائی جائے تو وہ مصنف کے مطلب اور مدعا کو آسانی سے سمجھ سکے گا۔

''اسلام کیا ہے'' عوام الناس کے لئے ایک اسلامی نصاب جیسی سہل کتاب ہے، جس کی مقبولیت بھی خوب ہوئی اور عام لوگوں کو اس کتاب سے فائدہ بھی بہت پہونچا۔ بات چونکہ دل سے نکلی تھی اس لئے دلوں کو مسخر بھی خوب کیا۔ کتاب کے ذریعہ نہ جانے کتنوں ہی کی زندگیاں بدل گئیں، لوگ دین اور دینی امور سے نہ صرف واقف ہوئے بلکہ ان پر عامل بھی ہو گئے۔

مولانا ابوالحسن علی ندوی ''اسلام کیا ہے؟'' پر اپنے تأثر کا اظہار کرتے ہوئے ارقام فرماتے ہیں:

''مجھے اس حقیقت کے اعلان میں مسرت اور کسی قدر فخر محسوس ہوتا ہے کہ رفیق محترم مولانا محمد منظور نعمانی مدیر ''ماہنامہ الفرقان'' نے اس اہم اور نازک کام کا بیڑہ اٹھایا ہے اور پہلے کم

تعلیم یافتہ اور سادہ ذہن رکھنے والوں کے لئے ''اسلام کیا ہے؟'' کے نام سے ایک کتاب تصنیف کی، جس کو وہ مقبولیت حاصل ہوئی اور اس کے اتنے ایڈیشن اردو میں اور ترجمے انگریزی، فرانسیسی، برمی، ہندی، گجراتی، کنڑ اور ہندوستان کی دیگر زبانوں میں نکلے جو اردو کی کم دینی دعوتی کتابوں کے ہوئے ہوں گے۔ اس کی افادیت کا مجھے ذاتی طور پر تجربہ اور علم ہے اور کم خواندہ لوگوں کے لئے اسلام کو سمجھنے نیز اس پر عمل کرنے کے لئے ہمارے پاس اس وقت بھی کم کتابیں ہی جو اس طرح مفید اور مؤثر ہوں ـــــــ'' (بحوالہ: ''دین و شریعت'' مقدمہ از مولانا سید ابوالحسن علی ندوی، صفحہ ۱۶)

اسی دوسرے دور میں مولانا نعمانیؒ نے ایک اور کتاب تصنیف کی جو ''دین و شریعت'' کے نام سے موسوم ہے۔ یہ کتاب ان کی سابقہ تصنیف ''اسلام کیا ہے؟'' سے اگلے درجے کی تصنیف ہے۔ اس میں انہوں نے اسلامی عقائد و مسلمات سے بحث کی ہے اور اسلام جن اعمال کو ضروری قرار دیتا ہے، ان پر وضاحت سے روشنی اس طرح ڈالی ہے کہ مخاطب عقل اور منطق کے راستے سے اسلامی عقیدے اور اعمال کو اچھی طرح سمجھ سکیں۔ اگرچہ اس کتاب کا اسلوب منطقی ہے مگر زبان سادہ اور دل نشیں ہے۔ ''دین و شریعت'' کے اعتقادی اور عملی حصوں کی تشریح میں مولانا لکھتے ہیں:

۱۔ سب سے پہلے یہ سمجھ لینا چاہئے کہ دین اسلام اور اسلامی شریعت کی بنیاد رسول اللہ صلی اللہ علیہ وآلہ وسلم کی تعلیم و ہدایت پر ہے۔ یعنی اللہ تعالیٰ کی طرف سے جو علوم اور احکام آپ لائے، جو قرآن مجید اور حدیثوں میں محفوظ ہیں۔۔۔ وہی دین اسلام کی بنیاد اور اساس ہیں۔ پھر ان میں کچھ کا تعلق اعتقاد سے ہے اور کچھ کا اعمال سے یعنی آپ کی لائی ہوئی ہدایت کا ایک حصہ تو وہ ہے جس میں کچھ ایسی حقیقتوں کی اطلاع دی گئی ہے جن کو ہم از خود نہیں جان سکتے اور ہم کو حکم ہے کہ ان حقیقتوں کو مانیں اور ان پر ایمان لائیں۔ یہ اسلام کا ایمانی اور اعتقادی حصہ ہے اور یہ بنیادی اہمیت رکھتا ہے۔ اور دوسرا حصہ وہ ہے جس میں عملی زندگی کے متعلق احکام ہیں کہ یہ کام کرو اور یہ نہ کرو۔ یہ اسلام کا عملی حصہ ہے۔'' (بحوالہ: ''دین و شریعت'' صفحہ ۲۷)

۲۔ ''قرآن مجید میں اکثر مقامات پر زکوٰۃ کو نماز کے ساتھ ساتھ ذکر کیا گیا ہے، جس سے معلوم ہوتا ہے کہ دین میں زکوٰۃ کی اہمیت نماز ہی کے قریب قریب ہے۔ اسلام میں زکوٰۃ کا جو مقام ہے اس کا اندازہ اس سے بھی کیا جا سکتا ہے کہ رسول اللہ صلی اللہ علیہ وآلہ وسلم کی وفات کے بعد عرب کے جن قبائل نے زکوٰۃ کے ادا کرنے سے انکار کیا تھا، حضرت ابوبکر صدیقؓ نے ان

کے خلاف جہاد کرنے کا فیصلہ فرمایا، اور پھر تمام صحابہ کرام نے ان کے اس فیصلہ سے اتفاق کیا۔" (بحوالہ: "دین وشریعت" صفحہ ۱۵۵)

جناب قطب الدین ملا صاحبؒ اپنے مضمون مشمولہ "ماہنامہ الفرقان ۱۹۹۸ء" میں اس کتاب پر اپنے تأثر کا اظہار کرتے ہوئے لکھتے ہیں:

"جس کتاب نے مجھے متأثر ہی نہیں بلکہ مسخر کیا وہ آپ کی ایک بہت ہی وقیق کتاب "دین و شریعت" ہے۔ پڑھتا چلا گیا، جوں جوں آگے بڑھتا رہا، دماغ کی گرہیں کھلنی شروع ہوگئیں۔ اس کتاب کا انداز تحریر نرالا تھا، سادگی کے باوجود زبان وادب کی چاشنی تھی۔ ایک ایسی چاشنی کہ کسی ادبی ذوق رکھنے والے کو متأثر کرنے کی پوری قوت اپنے اندر رکھتی تھی۔ پھر موضوعات مختلفہ ضروریہ پر جس روانی، برجستگی اور تسلسل کے ساتھ بحث کی گئی ہے، وہ بے مثال تھی اور موضوع بحث ایسے نفسیاتی پہلوؤں کے ساتھ واضح کرنے کی کوشش کی گئی تھی کہ جدت پسند ذہن اس کو فوراً قبول کرلے۔ ان ساری باتوں نے از حد متأثر کیا اور کتاب اور صاحب کتاب کی عظمت کا معترف ہونا پڑا۔"

ان دونوں کتابوں کے علاوہ مولانا نعمانی نے "قرآن آپ سے کیا کہتا ہے" کے نام سے ایک اور کتاب تصنیف کی۔ اس کتاب میں قرآن پاک کی عمومی دعوت کا خلاصہ مرتب کرنے کی کوشش کی گئی ہے۔ زبان بھی موضوع کے مطابق عام اور دعوتی۔ اس کتاب کے مخاطب بھی "اسلام کیا ہے؟" ہی کی طرح عوام و خواص ہیں۔ زبان اور طرز نگارش سابقہ دونوں کتابوں کی طرح آسان اور دل نشیں ہے۔ طرز ایسا دل نشیں کہ پڑھنے والے پر مطلب اور مدعا پوری طرح واضح ہوجاتا ہے۔ درج ذیل اقتباسات سے قارئین مولانا کے زبان وبیان اور نثر کی دوسری خوبیوں کو بآسانی سمجھ سکیں گے۔ لکھتے ہیں:

۱۔ دین و مذہب کے سلسلہ کی بنیاد اس حقیقت کے ماننے پر قائم ہوتی ہے کہ ہمارا اور ساری کائنات کا کوئی پیدا کرنے والا ہے اور وہی اپنی قدرت اور حکم سے اس سارے جہان کو چلا رہا ہے۔ اگر کوئی شخص اس بنیاد ہی کو نہ مانے تو اس کے نزدیک دین اور دھرم کے سلسلہ کی تمام باتیں بے وقوف انسانوں کے توہمات ہیں" (بحوالہ: "قرآن آپ سے کیا کہتا ہے" صفحہ ۱۷)

۲۔ "قرآن مجید نے انسانی زندگی کے تزکیہ اور اس کی سیرت کی تعمیر کے سلسلہ میں جو ہدایات اپنے ماننے والوں کو دی ہیں، ان میں سے ایک اہم ہدایت یہ بھی ہے کہ وہ اپنے لین دین کے معاملات میں پورے پاکباز ہوں اور اپنی روزی صرف جائز اور پاک ذریعوں سے حاصل کریں، کسی ناجائز

طریقہ سے ایک پیسہ بھی نہ کمائیں۔'' (بحوالہ: ''قرآن آپ سے کیا کہتا ہے'' صفحہ ۲۲۱)

یہ ہے مولانا کا اسلوب۔ کہیں ژولیدگی اور پیچیدگی نہیں۔ بہت سیدھے سادے انداز اور نہایت آسان زبان میں مگر جامعیت کے ساتھ خدا کی ہستی کے بارے میں بنیادی اور اصولی بات بتائی گئی۔ پوری کتاب پڑھ جایئے۔ زبان ہر جگہ ہموار، سادہ اور سلیس مگر ادبیت ہر جگہ نمایاں ملے گی۔

ان کتابوں کے علاوہ مولانا نے ایک اور کتاب ''معارف الحدیث'' بھی تصنیف کی ہے جو آٹھ جلدوں میں ہے، اس کی زبان بھی نہایت سہل اور آسان ہے۔ کم پڑھا لکھا آدمی بھی اس سے فائدہ اٹھا سکتا ہے۔ اس میں حدیثوں کے عربی متن کے ساتھ ترجمہ دیا گیا ہے۔ جو بالکل آزاد ترجمہ ہے اور بہت آسان زبان میں ہے۔ اس کتاب کا طرز نگارش بھی دل نشیں ہے اور بہت ادبیت لئے ہوئے ہے۔ حدیثوں کی تشریح اس طرح کی گئی ہے جس سے حدیث کا مغز و مدعا قاری کے ذہن نشیں ہو جائے۔ مولانا نے اس کتاب میں جو زبان اور اسلوب اختیار کیا ہے اس کی خوبی کا اندازہ مندرجہ ذیل اقتباسات سے لگایا جا سکتا ہے۔ جلد اول میں، ''ملائکہ کے متعلق ایک شبہ اور اس کا ازالہ'' کے عنوان کے تحت لکھتے ہیں:

> ''ملائکہ کے وجود پر یہ شبہ کہ اگر وہ موجود ہوتے تو نظر آتے سخت جاہلانہ شبہ ہے۔ دنیا میں کتنی ہی چیزیں ہیں جو باوجود موجود ہونے کے ہم کو نظر نہیں آتیں۔ کیا زمانۂ حال کی خوردبینوں کی ایجاد سے پہلے کسی نے پانی میں، ہوا میں اور خون کے قطرے قطرے میں وہ جراثیم دیکھے تھے جس کو خوردبین سے آج ہر آنکھ والا دیکھ سکتا ہے اور کیا کسی آلہ سے ہم اپنی روح کو دیکھ پاتے ہیں؟ تو جس طرح ہماری آنکھیں خود اپنی روح کو دیکھنے سے اور بغیر خوردبین کے پانی وغیرہ کے جراثیم کو دیکھنے سے عاجز ہیں، اسی طرح فرشتوں کو دیکھنے سے بھی وہ قاصر ہیں۔''

اس کے علاوہ ''معارف الحدیث'' جلد پنجم کی یہ عبارت بھی ملاحظہ فرمائیں:

> ''اللہ کے کسی رسول پر ایمان لانے اور ان کے نبی اور رسول مان لینے کے بعد سب سے پہلا فرض آدمی پر یہ عائد ہوتا ہے کہ وہ یہ معلوم کرے اور جاننے کی کوشش کرے کہ میرے لئے یہ پیغمبر کیا تعلیم و ہدایت لیکر آئے، مجھے کیا کرنا اور کیا چھوڑنا ہے۔ سارے دین کی بنیاد اسی علم پر ہے۔ اس لئے اس کا سیکھنا اور سکھانا ایمان کے بعد سب سے پہلا فرض ہے۔''

مولانا یٰسین مظہر صدیقی (علیگڑھ مسلم یونیورسٹی) چیرمین ادارۂ علوم اسلامیہ ''معارف الحدیث'' کے بارے میں لکھتے ہیں:

''تالیفاتِ نعمانی میں ایک عظیم شاہکار کا درجہ ''معارف الحدیث'' کو حاصل ہے۔ حدیث نبوی پر اردو زبان و ادب میں بلاشبہ صدہا کتابیں لکھی گئیں اور ان میں سے بہت سی مؤقر، کارگر، کارساز، آدم گر، تربیت کنندہ اور عظمت و دلالت کی حامل ہیں۔ مولانا مرحوم کی ''معارف الحدیث'' سچ مچ حدیث شریف کے زروجواہر اور یاقوت و مرجان پیش کرتی ہے اور اپنی زبان و بیان، طرز ادا اور سلاست و بلاغت، اسلوب و پیش کش کے علاوہ موضوعاتی تنوع رکھتی ہے۔ وہ ہماری زبان میں ایک جامع و مختصر دائرہ معارف (Encycopedia) ہے''

واقعہ یہ ہے کہ حدیث جیسے موضوع پر سادہ آسان زبان میں اور دل موہ لینے والے طرز میں کتاب لکھنا اپنے آپ میں ایک ہنر ہے اور یہ بھی واقعہ ہے کہ کوئی بھی مصنف ایسی کتاب تب ہی پیش کرسکتا ہے جب کہ اس میں اس کا خلوص اور خون جگر شامل ہو اقبال نے صحیح کہا ہے ۔

نقش ہیں سب ناتمام خون جگر کے بغیر
نغمہ ہے سودائے خام خون جگر کے بغیر

ہم نے مولانا نعمانی کے اسلوب بیان کو پرکھنے اور اس پر روشنی ڈالنے کے لئے ان چار مشہور کتابوں: اسلام کیا ہے؟، دین وشریعت، قرآن آپ سے کیا کہتا ہے اور معارف الحدیث کا انتخاب کیا تھا۔ لکھا جاچکا چاروں ہی کتابوں کی زبان اتنی آسان ہے کہ اگر نثر پر سہل ممتنع کا اطلاق ہوسکے تو اسے سہل ممتنع کے درجہ میں رکھا جاسکتا ہے۔ مولانا کے اس منفرد اسلوب کے باعث ہی یہ کتابیں عوام وخواص دونوں میں مقبول ہیں۔

مولانا نعمانی نے کسی خاص اسلوب کی تقلید نہیں کی۔ شروع میں انہوں نے مولانا ابوالکلام آزاد کے انداز میں لکھنا شروع کیا مگر یہ محسوس کرکے کہ یہ انداز واسلوب عوام الناس میں اپیل نہیں کرے گا اور جو پیغام وہ عوام وخواص کو پہونچانا چاہتے ہیں اس کے لئے یہ اسلوب موزوں نہیں ہوگا۔ اسی لئے انہوں نے اسلام کیا ہے لکھ کر ایک تجربہ کیا اور یہ تجربہ کامیاب ہوا۔ اس انداز سے لکھنے میں ان کا پیغام عوام وخواص سب تک پہونچا۔ اور وہ آخر تک اسی طرز واسلوب میں لکھتے رہے۔ ان کی ساری تصانیف میں یہی انداز واسلوب ملے گا۔

قارئین کے ذہن میں یہ بات آسکتی ہے کہ مولانا نعمانی کے اسلوب کو اردو کے کون سے اسالیب بیان میں رکھا جائے۔ یہ تو معلوم ہے کہ جب مولانا نے تصنیف وتالیف کا آغاز کیا تو اس وقت ایک اسلوب سرسید، حالی اور عبدالحق کا اسلوب تھا۔ دوسرا اسلوب شبلی، خواجہ نظامی اور مولانا ابوالکلام آزاد کا تھا۔ آخرالذکر میں چونکہ انشاء کا زور تھا اور وہ عوامی نہیں تھا، اس لئے اسے مولانا نے جلد ہی ترک کردیا۔ دوسرا اسلوب سہل

اور آسان زبان پر مشتمل تھا اور تبلیغ و ترسیل کے لئے زیادہ موزوں تھا؛ اس لئے انہوں نے اسی اسلوب کو اختیار کیا۔مگر ہوا یہ غیر شعوری طور پر ہی ۔اگر ہم مولانا کے اسلوب کا ان بزرگوں کے اسلوب سے موازنہ کریں تو پائیں گے کہ مولانا کا اسلوب سرسید اور حالی کے انداز کی ترقی یافتہ شکل ہے۔اور مولوی عبدالحق کے اسلوب سے قریب تر لگتا ہے۔ ملاحظہ فرمائیں مولوی عبدالحق کی طرز تحریر کا نمونہ:

''محسن الملک کے خطوں میں جوانی کی بے چینی اور تلون ہے اور وقار الملک کے خطوں میں بڑھاپے کی دانائی ور دور اندیشی ہے معلوم ہوتا ہے کہ محسن الملک ہمیشہ جوان رہے اور وقار الملک صدا کے بوڑھے تھے۔محسن الملک جذبات سے مغلوب ہوجاتے تھے اور وقار الملک جذبات پر غالب آنے کی کوشش کرتے تھے۔محسن الملک معاملہ کا رنگ بدلتا دیکھ کر مضطرب ہوجاتے تھے اور ریشہ دوانیاں شروع کردیتے تھے اور وقار الملک معاملہ کو معاملہ سمجھ کر سکون کے ساتھ مقابلہ کے لئے تیار ہوجاتے تھے'' (اردو کے اسالیب بیان۔ڈاکٹر محی الدین قادری زورؔ)

ڈاکٹر سید عبداللہ، مولوی عبدالحق کی نثر پر تبصرہ کرتے ہوئے لکھتے ہیں:

''حقیقت یہ کہ عبدالحق نے نثر کو نثر رکھا اور دوسرے نثر نگاروں کی طرح شاعرانہ وسائل سے بہت کم کام لیا۔ ہمارے بہت سے انشاء پرداز ایسے ہیں جو نثر میں شاعری کرنے لگے ہیں۔مگر عبدالحق کی نثر مکمل طور پر نثر ہے۔شبلی کی طرح انہوں نے استعارات کا سہارا نہیں ڈھونڈا ہے۔ نہ آزاد کی طرح رنگین تلازمات سے مدد لی ہے نہ تشبیہوں کے زور سے عبارت کو سجایا ہے۔ فرضی تخیل کے شاعرانہ اسلوب عمل سے عموماً اجتناب کیا ہے اور وہ تو محض روزمرہ کے زور سے اپنی نثر میں قوت پیدا کرتے ہیں۔'' (بحوالہ: میرامن سے عبدالحق تک، از: ڈاکٹر سید عبداللہ)

ڈاکٹر سید عبداللہ نے مولوی عبدالحق کی نثر کی جو خوبی بیان کی، اگر اس تناظر میں مولانا نعمانی کی مذکورہ چاروں کتابوں کا مطالعہ کریں تو ہم محسوس کریں گے کہ انہوں نے بھی نثر کو نثر ہی رکھا ہے، انشاء پردازی سے ہر جگہ گریز کیا ہے۔ یہ الگ بات ہے کہ غیر شعوری طور پر ان کی کسی تحریر میں انشاء نمایاں ہوگیا ہو۔غرض مولانا محمد منظور نعمانی ایک کامیاب نثر نگار اور منفرد اسلوب کے مالک تھے۔ان کی ان کتابوں میں ادبیت کی چاشنی ہے اور ''اسلام کیا ہے'' تو سہل ممتنع کا شاہکار ہے، جسے اردو کے نثری ادب کی بہترین کتابوں میں شامل کیا جاسکتا ہے۔

☆☆☆